TRAITÉ D'ÉTUDE,

POUR

LES JEUNES DEMOISELLES

Qui veulent apprendre

LA GÉOGRAPHIE ET L'HISTOIRE.

Dédié à Madame ROYER, *Supérieure des Sœurs de Passy.*

A PARIS,

Chez GUYLLIN, Libraire, Quai des Augustins, au Lys d'Or.

Et à Passy,

Chez Madame ROYER, Maîtresse de Pension, rue Basse, au-dessus des nouvelles Eaux.

M. DCC. LXIV.

A MADAME

ROYER,

SUPÉRIEURE

DES SŒURS DE PASSY.

Madame,

Le petit Recueil que nous avons l'honneur de vous offrir est un hom-

iv

mage que nous vous devons. Perfuadées par vos fages inftructions
de l'utilité de la Géographie, pour
graver dans la mémoire les faits que
nous préfente l'Hiftoire Sainte &
Profane, nous avons apporté aux
Leçons qu'on nous a données toute
l'ardeur & toute l'attention dont nous
étions capables. En mettant chaque jour fur le papier ce que nous
recueillions de vive voix, & fuivant
conftamment cette pratique, nous
nous fommes enfin trouvé un Cours
abrégé mais complet de Géographie.
Nous avons montré nos Cahiers à
nos Maîtreffes, qui ont eu la bonté
de les parcourir avec attention. Elles
ont beaucoup loué notre travail,

& nous ont vivement exhortées à le
faire imprimer, en nous assurant
qu'il pourroit servir à nos petites
Compagnes dans l'Etude de cette
Science ; & pour nous y engager
plus fortement, elles ont bien voulu
nous aider de leurs lumieres. Ce
sont elles qui ont mis l'ordre que
vous voyez regner dans tout ce petit
Ouvrage.

Elles ont rangé sous quatre clas-
ses tous les objets que nous leur
avons présentés dans notre Cahier.
Ce qui forme la division naturelle
de notre Recueil en quatre parties,
à qui elles ont donné le nom de
TRAITÉ D'ÉTUDE.

La premiere renferme ce qui

concerne la Sphère & le Globe Terrestre. La seconde partie traite de la
Géographie en général. La troisiéme
partie contient la Chronologie de
l'Histoire Sainte depuis la création
du Monde jusqu'à nous. La quatriéme partie est consacrée à traiter
de la Chronologie & de l'Histoire
Profane, depuis la création du
Monde jusqu'à la naissance de Jesus-
Christ : & pour remédier à un incon-
vénient qui n'est que trop ordinaire
dans les Livres qui sont en forme
de Dialogue ; sçavoir, que les Enfans apprennent la demande en
méme-tems que la réponse, & que
tout le fruit qu'ils en retirent pour
l'ordinaire se réduit à une routine

de mots, où la mémoire a beaucoup plus de part que le jugement, elles ont eu attention de séparer les demandes d'avec les réponses, & de les mettre au bas de chaque page avec un chiffre qui a rapport à eelui de la réponse, & une lettre de l'Alphabet pour les notes qui regardent l'Histoire de France ou quelqu'autre sujet aussi important. Par ce moyen, nous ont-elles dit, l'Histoire ne se trouve pas interrompue à tout instant, & l'Enfant qu'on interroge est obligé de réfléchir pour répondre, ce qui lui forme le jugement & l'esprit.

Comme nous n'avons pas encore

viij

affez d'expérience pour juger par
nous-mêmes ſi cette Méthode eſt la
meilleure , nous nous en ſommes
tout-à-fait rapportées à nos Maî-
treſſes , étant bien perſuadées que
tout ce qu'elles faiſoient étoit pour
le bien de nos petites Compagnes.
Quel bonheur pour nous , Madame ,
ſi à la tendre amitié que nous leur
portons à toutes , nous pouvions
joindre la douce ſatisfaction de leur
être de quelque ſecours. Nous n'a-
vons pas la vanité de croire que
nous avons fait un Ouvrage parfait.
Tout y eſt ſimple , tout y précis.
C'eſt tout ce qu'on pouvoit attendre
de perſonnes de notre âge. Il auroit

de mots, où la mémoire a beaucoup plus de part que le jugement, elles ont eu attention de séparer les demandes d'avec les réponses, & de les mettre au bas de chaque page avec un chiffre qui a rapport à celui de la réponse, & une lettre de l'Alphabet pour les notes qui regardent l'Histoire de France ou quelqu'autre sujet aussi important. Par ce moyen, nous ont-elles dit, l'Histoire ne se trouve pas interrompue à tout instant, & l'Enfant qu'on interroge est obligé de réfléchir pour répondre, ce qui lui forme le jugement & l'esprit.

Comme nous n'avons pas encore

*

affez d'expérience pour juger par nous-mêmes fi cette Méthode eft la meilleure, nous nous en fommes tout-à-fait rapportées à nos Maî-treffes, étant bien perfuadées que tout ce qu'elles faifoient étoit pour le bien de nos petites Compagnes. Quel bonheur pour nous, Madame, fi à la tendre amitié que nous leur portons à toutes, nous pouvions joindre la douce fatisfaction de leur être de quelque fecours! Nous n'a-vons pas la vanité de croire que nous avons fait un Ouvrage parfait. Tout y eft fimple, tout y eft précis. C'eft tout ce qu'on pouvoit attendre de perfonnes de notre âge. Il auroit

TRAITÉ
D'ÉTUDE,
POUR
LES JEUNES DEMOISELLES.

PREMIERE PARTIE,

Dans laquelle on traite de la Sphère &
du Globe Terrestre en général.

---

*Notions préliminaires sur quelques termes
de Géométrie qui servent à l'intelli-
gence de la Sphère & de la Géographie.*

1. **L**E mot de Sphère signifie boule.
Il y en a de deux sortes, la Sphère na-

---

1 *Que signifie le mot de Sphère ?*

turelle qui eſt l'aſſemblage du Monde comme Dieu l'a fait, & la Sphère artificielle qui eſt une machine ronde inventée par (*a*) Ptolomée, pour nous faire connoître les différens mouvemens des Corps céleſtes, & les rapports qu'ils ont avec la terre que nous habitons.

2. La connoiſſance du Monde, tant céleſte qu'élémentaire, s'appelle Coſmographie. Elle a deux parties : ſçavoir, l'Aſtronomie qui a le Ciel pour objet, & la Géographie qui conſidére le Globe terreſtre compoſé de la terre & de l'eau. Cette derniere a ſous elle la Chorographie, la Topographie, & l'Hydrographie.

3. La Chorographie eſt la deſcription d'un Royaume ſeul ou d'une Province, com-

(*a*) Mathématicien célébre de la ville de Péluſe, qui fleuriſſoit à Alexandrie ſous l'Empire d'Adrien dans le deuxiéme ſiécle.

(*a*) *Qui étoit Ptolomée?*
2. *Comment s'appelle la connoiſſance du monde?*
3. *Qu'eſt-ce que la Chorographie?*

me de la France, ou de la Normandie.

4 La Topographie est la description d'un lieu particulier, par exemple d'une Ville, d'une Forteresse, d'un Château, &c.

5 L'Hydrographie est la description de l'eau, comme de l'Océan, &c.

6 La Sphère artificielle ou armillaire est un Globe découpé, & composé de points, de lignes & de cercles.

7 Le point est une quantité que l'on conçoit sans distinguer ses parties, & qui est par conséquent indivisible.

8. La ligne est une longueur considérée sans largeur & profondeur. Elle se forme du point en le continuant, c'est-à-dire, que c'est un point continué ; il y en a de plusieurs sortes, la ligne droite qui a

---

4 Qu'est-ce que la Topographie ?
5 Qu'est-ce que l'Hydrographie ?
6 Qu'est-ce que la Sphère artificielle ?
7 Qu'est-ce que le point ?
8 Qu'est-ce que la ligne ?

A

routes ses parties également étendues
entre ses extrémités A B,

A———————————————B.

& la ligne courbe dont les extrémités ne
sont pas également étendues, de sorte
que l'une s'abaisse & s'éleve plus que
l'autre. C D B.

La ligne perpendiculaire C, qui tombant
sur une autre ligne, ou sur une superficie, n'incline pas plus d'un côté que d'un
autre.

Les lignes parallèles qui sont des lignes
également distantes les unes des autres
en toutes leurs parties, de sorte qu'étant
continuées de part & d'autre à l'infini,

elles ne se rencontrent jamais A B C D.

9 La surface ou superficie est une étendue en longueur & largeur sans aucune
épaisseur. Il y en a de deux sortes ; sçavoir, la surface plane dont les lignes sont
droites A B C D

& la surface courbe dont les lignes sont
courbes E F G H.

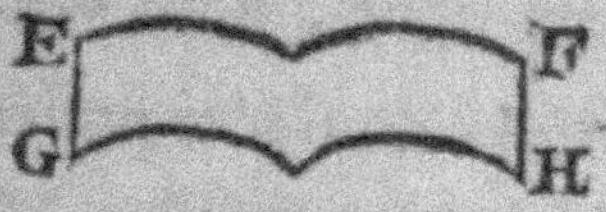

Cette derniere se divise en deux ; sçavoir,

9 *Comme la ligne se fait du point, & que la
surface se fait de la ligne, dites-moi ce que c'est
que la surface ?*

A ij

convexe lorsqu'elle est considérée du côté
qu'elle s'éleve, comme celle d'une boule M.

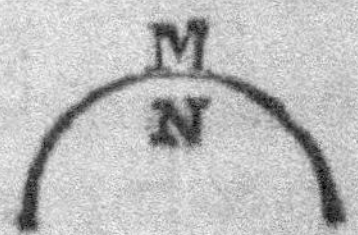

& concave, lorsqu'elle est considérée du
côté qu'elle s'abaisse, comme le dedans
d'une calotte N. Nous voyons, par exemple, la surface concave des Cieux, & la
surface convexe de la Terre.

10 L'Angle est la rencontre de deux
lignes qui se touchent non directement
ni de front, parce qu'elles ne feroient
qu'une seule ligne, mais obliquement.

11 L'Angle considéré par rapport aux
lignes qui le composent, est de trois

———————————————————————————

10 Qu'est-ce que l'Angle ?
11 Qu'est-ce qu'est l'Angle considéré par rapport aux lignes qui le composent ?

fortes ; fçavoir, rectiligne lorfqu'il eſt
compofé de lignes droites A.

Curviligne quand il eſt formé par des
lignes courbes B.

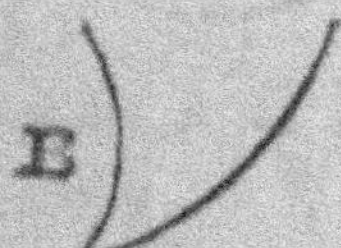

Mixtiligne, s'il eſt fait d'une ligne
droite & d'une courbe C.

12 L'Angle confidéré par rapport à
l'efpace qu'il renferme eſt auſſi de trois
fortes.

____

12 Qu'eſt-ce que l'Angle confidéré par rapport à l'efpace qu'il renferme ?

A iij

Droit lorsqu'il ne comprend que la quatriéme partie du cercle, c'est-à-dire, quatre-vingt-dix degrés D E F.

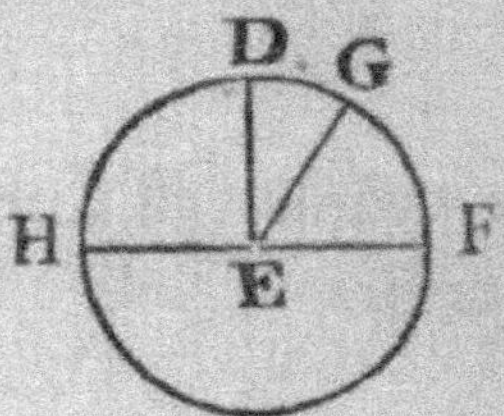

Aigu quand il a moins de largeur qu'un droit E F G. obtus lorsqu'il est plus grand qu'un droit E G H.

13 Le Cercle est une figure plane, bornée d'une seule ligne courbe qu'on appelle circonférence, au milieu de laquelle est un point qu'on nomme centre, duquel toutes les lignes tirées à la circonférence sont égales entr'elles M N O P.

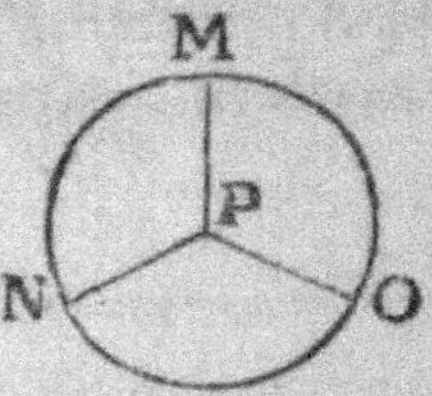

14 Il y a dans le Cercle cinq choses à considérer, le centre qui est le point du milieu A, la circonférence B,

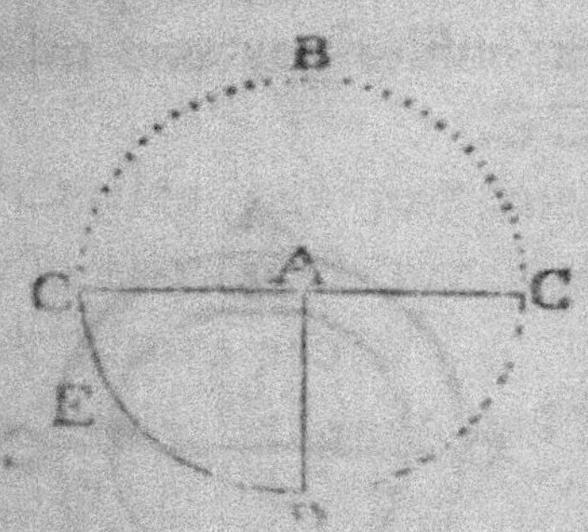

qui se divise en trois cens soixante parties, qu'on nomme degrés, chaque degré en 60 minutes, chaque minute en soixante secondes. Le diametre, qui est une ligne droite, qui passant par le centre aboutit de part & d'autre à la circonférence CC; le demi diametre ou rayon, qui est une ligne qui partant du centre aboutit à la circonférence D; l'arc, qui est une partie plus ou moins grande de la circonférence E.

---

14 *Que faut-il considérer dans le Cercle?*

15 Les Cercles font parallèles, lorfqu'ils font également diftants dans toutes leurs parties A B, & que leurs cen-
tres font enfilés par une même ligne
droite C C.

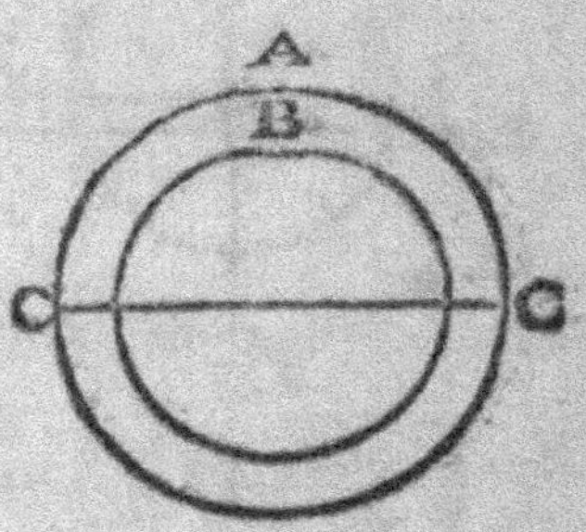

---

15 *Quand les Cercles font-ils parallèles?*

CHAPITRE PREMIER.

Des Cercles qui composent la Sphère.

1. LES Cercles qui composent la Sphère sont au nombre de dix : sçavoir, six grands & quatre petits.

2 Les six grands Cercles sont l'Equateur, le Zodiaque, l'Horison, le grand Méridien & les deux Colures.

3 Les quatre petits Cercles sont les deux Tropiques, l'un du Cancer vers le Nord ou le Septentrion ; & l'autre du Capricorne vers le Midi, & les deux Cercles polaires.

4 On nomme les six premiers Grands Cercles, parce qu'ils passent par le cen-

---

1 De combien de cercles la sphère est-elle composée ?
2 Quels sont les six grands Cercles ?
3 Quels sont les quatre petits ?
4 Pourquoi nomme-t-on les six premiers Grands cercles, & les quatre autres Petits ?

A v

tre de la sphère, c'est-à-dire, par le point du milieu, & qu'ils coupent par conséquent la sphère en deux parties égales ; & les quatre autres se nomment Petits Cercles, parce qu'ils la coupent en deux parties inégales.

5 Chaque Cercle de la Sphère se divise en 360 degrés, & chaque degré en 60 minutes.

6 Tous ces Cercles sont imaginaires, on les a supposés pour nous donner une connoissance du monde.

7 Il n'y a de réel dans la sphère que deux points, qu'on appelle Poles (a), sur

(a) Les deux points du Septentrion & du Midi, autour desquels les Cieux semblent tourner, sont nommés Poles du mot grec πολέω poleo je tourne. Ces deux Poles sont les seuls points immobiles de l'univers & terminent l'axe du monde.

---

5 En combien de degrés se divise chaque Cercle ?
6 Tous ces Cercles sont-ils réels ?
7 Qu'est-ce qu'il y a donc de réel dans la sphère ?
(a) Que nommez-vous Poles ?

lesquels roule le Globe Terrestre, parce qu'il est certain que la terre a deux extrémités ; l'un de ces Poles est nommé Pole (*a*) arctique vers le Nord ou le Septentrion, & l'autre est nommé Pole (*b*) antarctique vers le Midi.

DE L'ÉQUATEUR.

8 L'Équateur est un grand Cercle, éloigné de quatre-vingt-dix degrés des Poles du monde, qui fait le tour du Globe Terrestre, & qui le partage en deux parties égales, dont l'une est septentrionale, &

(*a*) A cause du voisinage des deux Ourses, ou des sept Etoiles qui sont à la queue de la petite Ourse que les Grecs nommerent *απτος Arctos*, & les Latins *Septentriones* ; d'où est venu en notre langue le mot de Septentrion.

(*b*) Parce qu'il est directement opposé à l'autre Pole.

(a) *Pourquoi nomme-t-on celui qui est du côté du Septentrion Pole arctique ?*

(b) *Pourquoi nomme-t-on l'autre Pole, antarctique ?*

8 *Qu'est-ce que l'Équateur ?*

l'autre méridionale. On le nomme aussi ligne Équinoxiale , parce que quand le soleil se trouve dans ce cercle , il y a Équinoxe , c'est-à-dire , égalité de jours & de nuits dans tous les lieux de la terre , excepté aux Poles ; car alors le soleil commence pour l'un des Poles un jour de six mois , & pour l'autre une nuit de même durée.

9 L'Équinoxe du Printems arrive le vingt-un de Mars , lorsque la Terre se trouve au premier degré du Belier , & celui d'Automne le vingt-trois Septembre , lorsqu'elle entre au premier degré de la Balance.

DU ZODIAQUE.

10 Le Zodiaque est un grand cercle , placé obliquement dans la sphère , dans lequel sont renfermés les douze Signes , ou les douze Maisons du Soleil , ou plu-

---

tôt de la (*a*) Terre, dont elle en parcourt une chaque mois, & partage ainsi l'année en quatre saisons ; sçavoir le Printems, l'Eté, l'Automne & l'Hiver. On donne seize degrés de largeur au Zodiaque, huit du côté du Septentrion, & huit du côté du Midi, pour pouvoir renfer-

(*a*) Il y a différens systêmes * là-dessus. Selon le systême de Ptolomée, la terre est placée immobile au centre du monde, & le soleil tourne autour. Selon le systême de Copernic ** & de Descartes, le soleil est placé au centre du monde, & la terre qui occupe le 3ᵉ cercle, tourne sur ses axes immobiles en 24 heures d'Occident en Orient, pour faire le jour & la nuit par sa différente exposition aux rayons du soleil ; c'est le systême qu'on suit à présent.

* Systême, est un mot Grec, qui signifie supposition.

** Copernic nâquit à Torn, dans la Prusse Royale en 1572 ; son oncle maternel, Evêque de Warmie, l'engagea dans l'état Ecclésiastique en le faisant Chanoine ; il s'appliqua dès sa jeunesse à l'Astronomie qu'il aimoit pas-

---

(*a*) *Pourquoi dites-vous que les douze Signes sont les douze maisons du Soleil ou plutôt de la Terre ? il n'est donc point indifférent de dire que c'est la Terre ou le Soleil qui tourne.*

* *Qu'entendez-vous par systême ?*
** *Qui étoient Copernic & Descartes ?*

mer dans cet espace le cours des (*a*) Planétes qui ne sortent jamais du Zodiaque.

11. Il y a au milieu du Zodiaque la circonférence d'un grand cercle divisé en 360 degrés, qu'on appelle Écliptique, parce que c'est dans le plan de ce cercle qu'arrivent les éclipses du Soleil & de la Lune. Il coupe l Equateur de maniere que sa partie qui en est la plus éloignée, est distante de l'Équateur de 23 degrés 29 minutes.

sionnément ; & Descartes est un de nos plus grands Philosophes. Il naquit à la Haye en Tourraine l'an 1596; il fit plusieurs campagnes en Hongrie & en Allemagne. Mais porté de son naturel à mener une vie moins tumultueuse que celle de la guerre, il se retira dans la Hollande auprès d'Egmont, & appellé à Stokolm par la Reine Christine, il y mourut en 1650, âgé de 64 ans.

(*a*) Ces planétes sont au nombre de sept, que voici dans l'ordre de leur éloignement de la terre ; Saturne, Jupiter, Mars, le Soleil, Vénus, Mercure & la Lune.

(*a*) *Quelles sont les planétes qui ne sortent jamais du Zodiaque?*

11. *Qu'est-ce qu'il y a au milieu du Zodiaque?*

12 L'Équateur divife le Zodiaque en deux parties égales, l'une Septentrionale, l'autre Méridionale ; elles renferment les douze Signes, qui font le Belier, le Taureau, les Gémeaux, l'Écreviffe, le Lion, la Vierge, la Balance, le Scorpion, le Sagittaire, le Capricorne, le Verfeau & les Poiffons. Chacun de ces Signes contient 30 degrés de longeur ; ils répondent aux 12 mois de l'année, pendant laquelle le Soleil ou la Terre parcourt ces 12 Signes (*a*).

DE L'HORISON.

13 L'Horifon eft un grand cercle qui fépare la partie du Ciel que nous voyons

(*a*) Ces Signes ne font que des affemblages d'Étoiles, à qui les Anciens ont imaginé de donner des noms d'animaux, qui euffent rapport aux effets de ces conftellations.

---

12 *Comment l'Équateur divife-t-il le Zodiaque ?*

(a) *Ces douze Signes ont-ils réellement la figure des animaux que vous venez de nommer ?*

13 *Qu'eft-ce que l'horifon ?*

d'avec celle que nous ne voyons pas; il
est ainsi appellé, parce qu'il borne notre
vue. L'Horison est différent selon les différens points de la terre, où on peut se
trouver; il a pour poles deux points,
l'un qu'on appelle Zénith ou point verti-
cal, & l'autre directement opposé nommé le Nadir.

14 Il y a deux sortes d'Horisons, le
sensible & le rationel.

15 L'Horison sensible est le plus grand
espace de terre que l'on peut découvrir
lorsque l'on est en pleine campagne.

16 L'Horison rationel est celui que
l'esprit seul conçoit, en imaginant un
grand cercle dans le Ciel qui sépare la
partie du monde que nous voyons d'avec
celle que nous ne voyons pas.

17 Il partage la sphère en deux parties
égales ou deux hémisphères, dont

---

14 *Combien y a-t-il de sortes d'horisons ?*
15 *Qu'est-ce que l'horison sensible ?*
16 *Qu'est-ce que l'Horison rationel ?*
17 *Comment l'Horison partage-t-il la sphère ?*

l'un est supérieur & visible, & l'autre inférieur & invisible, d'où il s'ensuit que quand il fait jour dans l'un, il fait nuit dans l'autre. Il marque le coucher & le lever des Astres; ils se levent quand ils paroissent au-dessus de l'Horison, & ils se couchent quand ils s'abaissent au-dessous. Il montre la longueur du jour & de la nuit, puisque le jour n'est autre chose que le tems où le Soleil paroît sur l'horison, & la nuit que le tems qu'il est au-dessous; il nous fait voir l'élévation du Pole & la distance de l'Equateur. Il détermine le commencement & la fin du crépuscule de l'Aurore. Il marque les points cardinaux du monde, qu'on nomme Nord ou Septentrion, Sud ou Midi, Est ou Orient, Ouest ou Occident.

18 Il prend les situations de la sphère. Si la sphère est droite, l'horison le sera également, & cette position convient aux peuples qui sont sous l'Equateur; si

---

18 *Quelle situation prend l'horison?*

la sphère est oblique, l'horison le sera aussi, & cette position convient aux peuples qui sont entre l'Équateur & les Poles ; la sphère parallèle a de même l'horison parallèle : telle est la sphère pour les peuples qui sont sous les Poles , supposé qu'il y en ait.

19 L'Horison sert encore à marquer lès différens vents qui soufflent sur le Globe Terrestre ; on les subdivise en 64 ; mais on s'en tient pour l'ordinaire à huit principaux qui sont, Nord, Sud, Est, Ouest, Nord-Est, Nord-Ouest, Sud-Est, Sud-Ouest.

DU MÉRIDIEN.

20 Le Méridien est un grand cercle qui passe par les Poles du monde, & qui est mobile à mesure que l'on change de lieu, en allant d'Orient en Occident. Il est

---

19 *A quoi sert encore l'horison ?*
20 *Qu'est-ce que le Méridien ?*

ainfi appellé parce qu'il eft midi pour tous les peuples qui font fous ce cercle, lorfque le Soleil vient à y paffer.

21 Il partage le monde en deux parties égales, l'une orientale & l'autre occidentale.

22 Les Méridiens font à l'infini, puifque chaque lieu particulier a fon Méridien; mais pour éviter la confufion, on n'en compte ordinairement que 360 qui font décrits fur l'Équateur, & qu'on marque de dix en dix, ou de quinze en quinze, fur les Globes ou Mappemondes.

23 Le Méridien fert à montrer le milieu du jour, ou l'élevation ou la hauteur du Pole, qui n'eft autre chofe que l'arc du Méridien, compris entre le Pole du monde & l'horifon.

24 Les François placent le premier

---

21 *Comment partage-t-il le monde ?*
22 *Combien compte-t-on de Méridiens ?*
23 *A quoi fert le Mériaien ?*
24 *Où les François placent-ils le premier Méridien ?*

Méridien dans l'Isle de Fer, la plus occi-
dentale des Isles Canaries.

DES DEUX COLURES.

25 Les Colures sont deux grands cercles
qui se coupent à angles droits aux Poles
du monde ; l'un s'appelle le Colure des
Équinoxes ; il coupe l'Équateur & l'Écliptique aux premiers points du Bélier &
de la Balance.

L'autre est le Colure des Solstices. Il
coupe l'Écliptique & les Tropiques aux
premiers points de l'Écrevisse & du Capricorne.

26 On nomme le premier colure des
Équinoxes, parce que quand la Terre est
arrivée aux premiers points du Bélier &
de la Balance, il y a Équinoxe, c'est-à-
dire, égalité de jours & de nuits.

L'autre est appellé Colure des Sols-

---

25 Qu'est-ce que les deux Colures ?
26 Pourquoi nomme-t-on le premier colure des
Equinoxes, & le second colure des Solstices ?

tices , parce que la Terre , étant arrivée aux premiers points du Cancer & du Capricorne , semble s'arrêter , & on est quelque-tems sans s'appercevoir ni de l'augmentation ni de la diminution des jours & des nuits ; c'est-à-dire , que la Terre semble demeurer dans une même place sans continuer son mouvement particulier.

27. Le Colure des Equinoxes marque le commencement du Printems au premier point du Bélier , environ le vingt-un de Mars ; & le commencement de l'Automne au premier point de la Balance , environ le vingt-deux Septembre,

28. Le Colure des Solstices marque le commencement de l'Eté au premier point de l'Ecrevisse , environ le vingt-un Juin ; & le commencement de l'Hiver au premier point du Capricorne , environ le vingt-deux Décembre.

----

27 Que marque le colure des Équinoxes ?
28 Que marque le colure des Solstices ?

LES QUATRE PETITS CERCLES.

29. Les deux Tropiques sont deux petits cercles parallèles à l'Équateur, & qui en sont éloignés de vingt-trois degrés vingt-neuf minutes. L'un se nomme le Tropique du Cancer, vers le Septentrion ; & l'autre du Capricorne, vers le Midi.

30. Ils marquent les deux points de l'Écliptique où se font les Solstices qui donnent le plus long jour, ou le plus court de l'année.

Ils désignent aussi sur l'Horison les quatre points collatéraux, qui sont l'Orient & l'Occident d'Été, l'Orient & l'Occident d'Hiver.

31. Les deux autres Cercles sont les Cercles Polaires, dont l'un est Arctique & l'autre Antarctique. Ils sont parallèles

---

29 Qu'est-ce que les deux Tropiques ?
30 Que marquent-ils ?
31 Quels sont les deux autres Cercles ?

à l'Équateur, & sont éloignés des Poles du Monde de 23 degrés 29 minutes. Le premier est au Septentrion, & le second au Midi.

CHAPITRE SECOND.

DU GLOBE TERRESTRE.

Application de la Sphère au Globe Terrestre.

1. LE mot de Globe, comme celui de Sphère, veut dire Boule ; on regarde la Terre comme une Boule, parce qu'en effet elle est ronde ; la preuve s'en tire des Éclipses de Lune causées par l'ombre que fait la Terre sur la Lune : cette ombre étant ronde, il faut que la Terre le soit aussi.

---

1 *A présent que vous nous avez très-bien démontré ce que c'est que la Sphère, faites-nous-en l'application au Globe Terrestre, en commençant par nous expliquer ce que veut dire Globe ?*

Comme le Soleil, aussi-bien que le Ciel entier, tourne, ou semble tourner autour de la Terre que l'on place dans la Sphère au centre du Monde, les Géographes ont transporté au Globe Terrestre la plûpart des Cercles de la Sphère. La Terre a donc, comme le Ciel, ses Poles, son Axe, son Equateur, son Zodiaque, son Méridien, son Horison, ses Tropiques & ses Cercles Polaires. A l'égard des Colures, on les a retranchés comme inutiles.

Les deux Poles de la Terre sont les deux points de sa surface, par lesquels passe l'Axe du Monde.

L'Axe de la Terre, que l'on conçoit être le même que celui du Monde, est la ligne qui traverse le Globe Terrestre.

La Ligne Équinoxiale ou l'Équateur, est un grand Cercle sur la surface du Globe, vis-à-vis l'Équateur du Ciel; les Marins l'appellent simplement la Ligne : il coupe le Globe en deux parties égales, l'une Septentrionale, & l'autre Méridionale.   Le

Le Zodiaque de la Terre eſt un grand Cercle qui répond au Zodiaque du Ciel, ou plutôt à l'Écliptique; il eſt diviſé en douze Signes. Sa plus grande diſtance de l'Équateur eſt de vingt trois degrés vingt-neuf minutes.

Les Tropiques ſont de petits Cercles éloignés de l'Équateur de vingt-trois degrés vingt-neuf minutes.

Les Cercles Polaires ſont auſſi de petites Cercles éloignés des Poles de la même diſtance.

L'Horizon eſt un grand Cercle qui partage le Globe en deux Hémiſphères, l'un inférieur, l'autre ſupérieur. On appelle ſupérieur celui dans lequel on eſt. On diſtingue deux Horizons, l'un rationnel, & l'autre ſenſible On peut définir le premier un grand Cercle dont la circonférence eſt également éloignée en toutes ſes parties du lieu dont ce Cercle eſt l'Horizon, & qui a pour Poles le Zénith & le Nadir de ce lieu. L'Horizon ſenſible n'eſt autre choſe que

* B

l'étendue que nous pouvons découvrir de tous côtés , lorsque nous sommes dans une plaine.

L'Horizon du Globe peut devenir l'Horizon de chaque Peuple : ainsi ce qu'on appelle monter le Globe horizon-talement , c'est faire que l'Horizon du Globe devienne l'Horizon d'un lieu ; ce qui s'exécute en mettant le lieu sous le grand Méridien , & en élevant le Pôle au-dessus de l'Horizon , selon la hauteur du Pole du lieu proposé.

Le Méridien est un grand Cercle qui passe par les Poles du Globe Terrestre , & par le Zénith & le Nadir du lieu dont il est Méridien ; il est différent à mesure qu'on change de lieu vers l'Orient ou vers l'Occident ; les Géographes n'en comptent que 360 , & ils n'en marquent que trente-six sur les Globes & sur les Mappemondes. Les Méridiens coupent l'Équateur de dix degrés en dix degrés , chaque Méridien divise le Globe en deux parties , l'une Orientale & l'autre Occi-dentale.

Pour avoir la suite de tous ces Méridiens, & la longitude, c'est-à-dire, la distance du premier Méridien des différens lieux de la Terre ; on en a établi un qui est le premier, duquel on compte tous les autres ; le nôtre par une Ordonnance de Louis XIII, est placé à l'Isle de Fer, qui est une des Isles Canaries.

CHAPITRE TROISIÈME.

Des Degrés.

1. Il y a deux sortes de Degrés, les degrés de longitude & les degrés de latitude. On en compte 360 de chaque sorte. Les degrés de longitude sont décrits sur l'Equateur des Globes & Mappemondes ; ils servent à faire voir la distance qu'il y a d'un lieu au premier Méridien qu'on place dans l'Isle de Fer, la plus éloignée des Isles Canaries ; &

1 *Combien y a-t-il de sortes de degrés ?*

les degrés de latitude , qui font décrits fur le grand Méridien , fervent à faire voir la diftance qu'il y a d'un lieu à l'Équateur.

2. Les degrés de longitude fe comptent d'Occident en Orient, & les degrés de latitude fe comptent par quatre fois quatre vingt-dix depuis l'Équateur juf- qu'aux Poles. Ces degrés font tous égaux, ils ont vingt-cinq lieues communes. Il n'en eft pas de même des degrés de lon- gitude , ils n'ont cette étendue que fous l'Équateur ; mais depuis ce Cercle juf- qu'aux Poles , ils vont toujours en dimi- nuant ; on peut demander pourquoi , le Globe étant égal par-tout , on appelle les uns degrés de longitude , & les au- tres degrés de latitude.

3. La raifon qu'on en donne ordinai- rement , c'eft que les Anciens connoif-

---

2 *Comment fe comptent les degrés ?*

3 *Pourquoi le Globe étant égal par-tout ap- pelle-t-on les uns degrés de longitude , & les autres degrés de latitude ?*

sant plus d'étendue de terre depuis l'Occident jusqu'à l'Orient, que du Nord au Sud ; ils ont appellé les premiers, c'est-à-dire, ceux qui se comptent d'Orient en Occident, degrés de longitude.

4. On peut encore donner une autre raison qui paroît plus solide.

Ptolomée, aussi fameux Astronome qu'habile Géographe, a le premier marqué sur les Cartes ces degrés ; il a suivi la maniere de compter les degrés en usage parmi les Astronomes ; or ils comptoient les degrés en mesurant le Ciel d'Occident en Orient, & ils en comptoient 360 ; à l'égard de l'autre maniere de mesurer le Ciel du Nord au Sud , ils comptoient les degrés sur un même Méridien; mais ils le partageoient en quatre parties égales de quatre-vingt-dix degrés. Ptolomée a transféré tout cela au Globe, il a compté les degrés de longitude d'Occident en Orient, à com-

____

mencer par les Canaries, lieu de la terre que l'on regardoit alors comme le plus occidental. A l'égard des soixante-dix-neuf degrés de latitude que l'on connoissoit alors, il en a compté 63 de l'Équateur à l'Isle nommée alors Thulé, que plusieurs Auteurs croient être l'Islande, & il les a appellés degrés de latitude Septentrionale ; pour les seize autres qui restoient, il les a appellés degrés de latitude australe, & les a comptés aussi de l'Équateur jusqu'au Cap-de-Prasse, situé sur la côte orientale d'Afrique, vers le lieu où est aujourd'hui Mozambique ; voilà pourquoi on compte aujourd'hui les degrés de longitude d'Occident en Orient, que l'on en compte trois cents soixante, & que les latitudes se comptent par quatre fois quatre-vingt-dix degrés de l'Équateur jusqu'aux Poles.

CHAPITRE QUATRIÉME.

DES ZONES.

1 ON appelle Zone un espace de terre contenu entre deux Cercles. La surface de la Terre, comme celle du Ciel, est divisée par les deux Tropiques & les deux Cercles Polaires en cinq Zones, qui sont la Zone torride, les deux Zones tempérées, & les deux Zones froides.

2 La Zone torride est l'espace compris entre les deux Tropiques ; on la nomme torride, c'est-à-dire brûlée, parce qu'elle est exposée aux rayons perpendiculaires du Soleil ; la longueur des nuits, les vents, les rosées, les pluies fréquentes y rendent la chaleur supportable ; elle a quarante-sept degrés ; c'est-à-dire, onze

---

1 *Qu'est-ce qu'on appelle Zone ?*
2 *Qu'est-ce que la Zone torride ?*

cent soixante-quinze lieues, en comptant vingt-cinq lieues par degré.

3 Les deux Zones tempérées sont les espaces compris entre les Tropiques & les Cercles Polaires ; on leur donne le nom de tempérées, parce qu'on n'y sent pas de chaleurs excessives, ni de froids violens, sur-tout dans leur milieu ; elles ont chacune quarante-trois degrés, qui font mille soixante-quinze lieues.

4 Les deux Zones froides sont les espaces qui restent depuis les Cercles Polaires jusqu'aux Poles ; on les appelle froides ou glaciales, parce qu'il y fait extrémement froid pendant la plus grande partie de l'année, à cause de la grande obliquité des rayons du Soleil , & par rapport aux longues nuits qui y durent pendant un ou plusieurs mois ; elles n'ont que 23 degrés & demi, & par conséquent 587 lieues & demie.

---

3 Qu'est-ce que les deux Zones tempérées ?
4 Qu'est-ce que les deux Zones froides ?

CHAPITRE CINQUIÉME.

DES CLIMATS.

1. On appelle Climat, un espace de terre compris entre deux parallèles, à la fin duquel le plus long jour de l'année est plus long ou d'une demi-heure ou d'un mois que dans son commencement. Pour entendre cette définition, il faut observer que sous l'Equateur les plus grands jours ne sont que de douze heures, & qu'à mesure qu'on avance vers les Cercles Polaires, les jours augmentant d'une demi-heure par Climat, aux Cercles Polaires les plus longs jours sont de vingt quatre heures. Depuis ces Cercles ils augmentent, non plus d'une demi-heure, mais d'un mois entier par Climat jusqu'aux Poles, où le jour est de six mois entiers, sans y comprendre les Crépuscules. Comme la différence du plus

___

a Qu'est-ce qu'on appelle climat ?

B

grand jour fous l'Équateur, & du plus grand jour fous un Cercle Polaire eft de douze heures ou de vingt-quatre demi-heures, il s'enfuit que l'efpace qu'il y a depuis l'Équateur jufqu'à chaque Cercle Polaire doit être divifé par les paralléles en vingt quatre parties ou Climats, pour faire que les plus grands jours foient plus longs d'une demi heure à la fin de chaque Climat qu'au commencement ; la différence du plus grand jour fous les Cercles Polaires, & du plus grand jour fous les Poles étant de fix mois, l'efpace qui eft depuis chaque Cercle Polaire jufqu'aux Poles, doit être divifé en fix parties ou Climats, pour faire que les plus grands jours foient plus longs d'un mois à la fin de chaque Climat qu'au commencement. Il y a donc deux fortes de Climats, qui font les Climats d'heures, ou plutôt de demi-heures, & les Climats de mois.

2. On en compte foixante en tout ;

---

2 *Combien en compte-t-on en tout ?*

trente depuis l'Équateur jusqu'à chaque Pole ; sçavoir , vingt - quatre Climats d'heures & six de mois.

3. On commence à compter les Climats d'heures à l'Équateur , & les Climats de mois aux Cercles Polaires.

4. Les intervalles des Climats ne sont pas égaux ; les Climats d'heures vont toujours en diminuant , depuis l'Équateur jusqu'aux Cercles Polaires ; & les Climats de mois augmentent à mesure que l'on approche des Poles. Les peuples qui sont dans le même Climat ont les Saisons de l'année semblables , & les jours égaux dans le même tems.

---

3 Où commence-t-on à compter es climats d'heures ?

4 Sont-ils tous égaux ?

B vj

SECONDE PARTIE

Dans laquelle on traite de la Géographie en Général.

CHAPITRE PREMIER.

Notions préliminaires sur la Géographie.

1 Le mot Géographie veut dire description de la Terre.

2 Par la Terre, on entend ce grand Globe composé de terre & d'eau, qu'on appelle le Globe Terrestre, qui est suspendu en l'air dans une partie de cet espace immense qu'occupe le Globe Céleste, & qui se soutient par son propre poids.

---

1 *Passons à présent à la Géographie, & dites-moi ce que signifie Géographie ?*
2 *Qu'entendez-vous par la Terre ?*

3 La Terre est d'une figure ovale, un peu plate vers ses extrémités, selon les observations des plus célèbres Académiciens. Elle a neuf mille lieues de tour, & deux mille huit cens soixante-cinq de diamètre (*a*).

4 Sa surface est divisée en terre & en eau, & c'est pour cette raison qu'il y a des termes qui regardent la terre & d'autres l'eau.

(*a*) Plusieurs Pilotes ont fait le tour de la Terre. Sébastien Cam, Vénitien, est le premier qui l'ait exécuté sous l'hospice de Charles V, Empereur & Roi d'Espagne : il partit au mois d'Août en 1519, du Port de Séville en Espagne, sur le Vaisseau nommé la Victoire, & rentra dans le même Port le 8 Septembre 1522, après avoir employé pour faire le tour de la Terre trois ans & un mois. Charles V en récompense de cette hardie & heureuse navigation, lui donna un Globe avec ces mots, *vous avez le premier parcouru ma circonférence.*

---

3 *Quelle est la figure & la grandeur de la Terre ?*

(a) *Y a-t-il eu quelqu'un qui en ait fait le tour ?*

4 *Comment se divise la surface de la Terre ?*

5 Les termes qui regardent la Terre, sont Continent ou Terre ferme, Isle, Presqu'Isle, Isthme, Pas ou Col, Promontoire, Cap, Pointe, Montagnes, Dunes & Falaises.

6 Continent ou Terre ferme, est une grande partie de terre qui comprend plusieurs Régions qui ne sont pas séparées par des Mers, comme l'Europe, l'Asie & l'Afrique.

7 Isle est une portion de terre qui est entiérement environnée d'eau, comme l'Angleterre, la Sicile & la Sardaigne.

8 Presqu'Isle est une Terre presque entourée d'eau, laquelle tient au Continent par une langue de terre, comme l'Afrique qui tient à l'Asie par l'Isthme de Sués. L'Amérique Méridionale at-

---

5 *Quels sont les termes qui regardent la Terre ?*
6 *Qu'est-ce que Continent ?*
7 *Qu'est ce qu'une Isle ?*
8 *Qu'est-ce qu'une presqu'Isle ?*

tachée à l'Amérique Septentrionale, par l'Isthme de Panama.

9 Isthme est une portion de terre enfermée entre deux Mers qui unit un Continent ou une presqu'Isle à la terre ferme.

10 Pas ou Col, est un passage étroit dans les Montagnes, comme le passage de la Cilicie, où Alexandre vainquit Darius : le pas de Suze dans le Piémont, forcé par les François sous Louis XIII (a), & les détroits des Ther-

(a) Louis XIII en personne força les trois barricades du pas de Suze le 6 Mars 1629, ayant sous lui les Maréchaux de Créqui & de Bassompierre ; & suivant le Traité de Suze, le Duc de Savoye remit cette Ville entre les mains du Roi, pour sûreté du secours dont il devoit contribuer à la levée du Siége de Casal par les Espagnols.

(b) Il étoit tout aussi vaillant qu'Henri IV, mais d'une valeur sans chaleur & sans éclat,

---

mopiles dans la Grece, où Léonidas, fameux Capitaine de Lacédémone, arrêta avec trois cens Lacédémoniens, l'armée des Perses.

11 Promontoire est une portion de terre qui avance dans la Mer ; on l'appelle Cap, quand elle s'élève comme une Montagne, par exemple, le Cap-de-Bonne-Espérance au midi de l'Afri-

qui n'eût pas été bonne pour conquérir un Royaume. La providence l'avoit fait naître dans le moment qui lui étoit propre : plutôt, il eût été trop foible ; plus tard, trop circonspect : Fils & Pere de deux de nos plus grands Rois, il affermit le Trône encore ébranlé de Henri IV, & prépara les merveilles du regne de Louis XIV. Il étoit d'un caractère un peu sauvage ; il craignoit la représentation, excepté dans les cérémonies, qu'il aimoit beaucoup.

(c) Il est né à Fontainebleau le 27 Septembre 1601, il est mort à Saint Germain-en-Laye le 14 Mai 1643, dans la quarante-deuxiéme année de son âge, a pareil jour que Henri IV son Pere, après un regne de trente-trois ans, & il est enterré à Saint Denis.

---

c) *Où est-il né ?*
11 *Qu'est-ce qu'un Promontoire ?*

que ; le Cap Verd au couchant de l'A-
frique ; le Cap Nord au Nord de l'Europe , & on la nomme pointe si elle a
peu d'élévation.

12 Montagne est une élévation de
Terre & de Rocher qui s'élève fort haut
de la surface de la Terre , comme les
Alpes , entre la France & l'Italie , les
Pyrénées entre la France & l'Espagne.

13 Chaîne de Montagnes , est une
continuité de Montagnes , comme l'A-
pennin qui partage l'Italie en deux , depuis les Alpes jusqu'à l'extrémité la
plus méridionale du Royaume de Naples.

14 Les Montagnes qui jettent du feu ,
s'appellent Volcans : il y en a trois fa-
meuses en Europe , le Mont Gibel ou
Mont Ethna en Sicile , le Mont Vé-

---

12 Qu'est-ce qu'une Montagne ?

*13 Qu'entendez - vous par chaîne de Mon-
tagnes ?*

*14 Comment appelle - t'on les Montagnes qui
jettent du feu ?*

*

suve auprès de Naples , & le Mont Hécla en Islande , au Nord de l'Europe. Il y en a aussi deux en Amérique, près de Guatimala , dont l'une s'appelle Volcan de feu, & l'autre Volcan d'eau, à cause qu'elle jette quantité de ruisseaux : de la premiere , il sort des morceaux de Roches avec la même violence qu'un Boulet sort d'un Canon ; on peut lire une lettre la nuit , à la lueur de ses flammes, à la distance de trois milles.

15 Dunes , sont de petites Collines de sable , sur le bord de la Mer, comme celles qui sont près de Dunkerque, où Juan d'Autriche , & le Prince de Condé, qui tenoient alors le parti d'Espagne, furent défaits par M. de Turenne qui assiégeoit cette Ville (a).

(a) Ce fut lors de cette bataille , que le Grand Condé dit à Dom Juan : n'avez-vous

---

15 *Qu'est-ce qu'on appelle Dunes?*
(a) *Le Prince de Condé comptoit-il perdre cette bataille ?*

16 Falaises , font des Montagnes ef-carpées fur le bord de la Mer.

17 Les termes qui regardent l'eau , font Archipel , Golphe , Baie , Anfe , Rade , Bancs de fable , Détroit , Pas ,

jamais vû perdre une bataille ? Eh bien , vous l'allez voir : en effet , M. de Turenne gagna la bataille des Dunes le 14 Juin 1658 , con-tre le Prince de Condé & Dom Juan , qui étoient accourus pour fecourir Dunkerque : cette Ville bloquée par Mer par les Anglois, fe rendit le 23 Juin : le Roi y entra le 26 , & fit remettre la place aux Anglois, fuivant le Traité conclu avec Cromwel.

(b) Olivier Cromwel étoit un Tyran Pro-tecteur de la République d'Angleterre , qui fit mourir fur l'Echaffaut Charles Premier , Roi d'Angleterre ; & qui après la mort de ce Prin-ce , s'éleva par fa politique. Il commença de regner fans Diadéme , & il fe rendit comme l'Arbitre de toute l'Europe jufques à fa mort. Il étoit Fils de Thomas Cromwel , Anglois de Nation , dont la naiffance étoit peu illuftre : il avoit été Secrétaire du Cardinal Wolfey , favori du Roi Henri VIII.

(b) *Qui étoit Cromwel ?*
16 *Qu'eft-ce qu'on appelle falaifes ?*
17 *Quels font les termes qui regardent l'eau ?*

Lac, Riviere, Confluent ou Conflant, & Bouche ou embouchure.

18 Archipel est un endroit de Mer ou il y a beaucoup d'Isles.

19 Golphe est une avance considérable de Mer dans la terre, comme le Golphe Adriatique entre la Dalmatie & l'Italie ; la Mer Baltique en Suéde.

20 La Baie ne diffère du Golphe que parce qu'elle est bien moindre, & plus étroite à l'entrée qu'en dedans, par exemple, la Baie de tous les Saints dans le Brésil en Amérique.

21 Anse est une petite avance de Mer dans la terre.

22 Rade est un endroit de Mer proche des côtes, où les Vaisseaux vont jetter l'ancre, & se mettre à l'abri de la tempête, ou pour mieux dire, c'est

---

18 *Qu'est-ce qu'on appelle Archipel ?*
19 *Qu'est-ce qu'un Golphe ?*
20 *Qu'est-ce qu'une Baie ?*
21 *Que nomme-t-on Anse ?*
22 *Qu'est-ce qu'on appelle Rade ?*

un Port formé par la nature, comme la Rade de Toulon, en Provence, la plus sûre du monde.

23 Banc de sable est un endroit de la Mer où il y a peu d'eau.

24 Détroit est un bras de Mer resserré entre deux terres, comme le Détroit de Gibraltar qui unit la Méditerranée à l'Océan.

25 Pas est encore un Détroit de Mer, comme le Pas de Calais qui est le passage de France en Angleterre, il a environ sept lieues de largeur.

26 Lac est une grande étendue d'eau qui ne tarit jamais, & qui n'a aucune communication sensible avec la Mer, comme le Lac major en Italie.

27 Rivière est une eau de source qui coule toujours jusqu'à ce qu'elle se dé-

---

23 Qu'est-ce qu'un banc de Sable ?
24 Qu'est-ce qu'un Détroit ?
25 Qu'est-ce qu'on appelle Pas ?
26 Qu'est-ce qu'un Lac ?
27 Qu'est-ce qu'une Rivière ?

charge dans quelqu'autre Rivière, ou dans la Mer si elle est considérable, & qu'elle se décharge dans la Mer ; elle reçoit le nom de Fleuve, autrement elle garde simplement celui de Rivière.

28 Confluent ou Conflant, est l'endroit où une Rivière se joint avec une autre.

29 Bouche ou Embouchure d'un Fleuve, est l'endroit où il sort de son lit pour entrer dans un Lac ou dans la Mer.

30 On appelle la droite ou la gauche d'une Rivière, le côté de son lit qui est à la droite ou à la gauche d'une personne qui la descend, & la voit couler devant soi ; ainsi le Louvre est à la droite de la Seine, & le Collége Mazarin à la gauche.

---

28 *Qu'appelle-t-on Confluent ?*

29 *Qu'entendez-vous par Bouche d'un Fleuve ?*

30 *Qu'est-ce qu'on appelle la droite ou la gauche d'une Rivière ?*

CHAPITRE SECOND.

DES MESURES ITINERAIRES.

31 Les mesures Itinéraires ne sont pas les mêmes par-tout.

En France, en Espagne, en Suéde, en Dannemarck & en Suisse, on compte par lieues. En Italie, en Allemagne, on compte par milles.

Mais les milles ne sont pas égaux dans tous ces pays, non plus que les lieues.

La lieue commune de France est de deux mille sept cens trente - neuf pas géométriques ; le pas géométrique est de cinq pieds de Roi.

Celle d'Espagne est de trois mille quatre cens vingt-huit pas.

Celle de Dannemarck, de Suéde & de la Suisse est de cinq mille pas.

Ainsi celle de France est la plus petite ; celles du Nord sont de près du double.

---

31. *Quelles sont les mesures Itinéraires ?*

Le mille d'Allemagne est communément de quatre mille pas.

Celui de Hollande est de trois mille cinq cens environ.

Celui de Pologne est de trois mille.

Celui d'Angleterre est de deux mille deux cens cinquante.

Celui d'Écosse & celui d'Irlande de quinze cens.

Enfin celui d'Italie est de mille pas.

CHAPITRE TROISIÉME.

Division générale du Globe Terrestre.

1 ON divise le Globe Terrestre en deux parties ; sçavoir la Terre & la Mer.

DE LA TERRE.

2 La Terre contient le monde ancien, nouveau & inconnu.

3 Le monde ancien renferme un Continent & des Isles.

---

1 *Comment divise-t-on le Globe Terrestre ?*
2 *Que contient la Terre ?*
3 *Que renferme le Monde ancien ?*

4 Le

4 Le Continent renferme l'Europe, l'Asie & l'Afrique.

5 L'Europe se divise en quinze parties, trois au Nord ; le Dannemarck avec la Norwége, la Suéde, la Russie ou Moscovie ; huit au milieu : la France, les Pays-Bas, la Suisse, l'Allemagne, la Bohême, la Hongrie, la Pologne, le Royaume de Prusse : quatre vers le midi : le Portugal, l'Espagne, l'Italie, la Turquie d'Europe.

6 L'Asie contient six parties : la Turquie d'Asie, l'Arabie, la Perse, l'Inde, la Chine, la grande Tartarie.

7 L'Afrique se divise en dix parties : trois au Nord : l'Egypte, la Barbarie, le Sara ou désert ; quatre au milieu ; la Guinée, la Nigritie, la Nubie,

---

4 Que renferme le Continent ?
5 En combien de parties divisez-vous l'Europe ?
6 Combien l'Asie contient-elle de Parties ?
7 En combien de Parties divisez-vous l'Afrique ?

C

l'Abiſſinie ; trois au midi , le Congo , la Cafrerie pure qui s'étend juſqu'au Cap-de-bonne-Eſpérance : la Cafrerie mélangée ou Orientale , qui renferme les côtes de Zanguebar & d'Ajan.

8 Les Iſles ſe diviſent en Iſles d'Europe , de l'Aſie & de l'Afrique : on les trouve dans l'Océan & la Méditerranée.

9 Les Iſles de l'Europe dans l'Océan ſont la Grande-Bretagne , l'Irlande , l'Iſlande , les Iſles de la Mer Baltique.

10 Les principales Iſles de l'Europe dans la Méditerranée , d'Occident en Orient , ſont Majorque , Minorque , la Corſe , la Sardaigne , la Sicile , Malte , Corfou , Candie , les Iſles de l'Archipel.

---

8 *Comment diviſe-t-on les Iſles ?*

9 *Quelles ſont les Iſles de l'Europe dans l'Océan ?*

10 *Quelles ſont les Iſles de l'Europe dans la Méditerranée ?*

11 Les principales Isles de l'Asie sont dans la Méditerranée, Chypre, Rhodes ; & dans l'Océan ou la Mer des Indes, les Maldives, Ceylan, Sumatra, Java, Bornéo, appellées les Isles de la Sonde, les Moluques, les Philippines, l'Isle Formose, les Isles du Japon, les Marianes.

12 Les principales Isles de l'Afrique sont à l'Occident : Madere, les Canaries, les Isles du Cap verd, Saint-Thomas, Sainte-Hélène, &c. & à l'Orient, Madagascar, l'Isle de France, l'Isle Bourbon.

MONDE NOUVEAU.

13 Le Monde nouveau contient un Continent & ses Isles.

14 Le Continent renferme l'Améri-

---

11 *Quelles sont les principales Isles de l'Asie ?*

12 *Quelles sont les principales Isles de l'Afrique ?*

13 *Que contient le Monde nouveau ?*

14 *Que renferme le Continent ?*

* C ij

que Septentrionale, & l'Amérique Méridionale.

15 L'Amérique Septentrionale se divise en sept parties ; sçavoir, la nouvelle France, qui comprend le Canada & la Louisiane, les possessions An-
gloises au Midi & au Nord du Canada, la Floride, le Méxique, la Californie, les nouvelles découvertes à
l'Ouest du Canada.

16 L'Amérique Méridionale contient sept parties, la Terre ferme, le
Pérou, le Chili, le pays de la Rivière
des Amazones, le Brésil, le Paraguay,
la terre Magellanique.

17 Les principales Isles de l'Amérique sont, les Açores, Terre-Neuve,
près de laquelle est le grand banc où se

---

15 *En combien de parties divisez-vous l'A-*
mérique Septentrionale ?
16 *Combien l'Amérique Méridionale con-*
tient-elle de parties ?
17 *Quelles sont les principales Isles de l'A-*
mérique ?

fait la pêche de la Morue, les Lucayes, les Antilles & la Cayenne (*a*).

DE LA MER.

18 La Mer se divise en Mer exté-

(*a*) La Cayenne a environ vingt lieues de tout, sept de longueur, & trois de largeur. Elle est arrosée de plusieurs Rivières, dont la principale est celle de la Cayenne ; elle est située dans la Zone torride, mais les grandes chaleurs y sont un peu tempérées par les vents du Nord, & les pluies qui y durent près de quatre mois. Il s'y trouve une herbe dont la côte fournit un fil plus fin & plus fort que la soie ; elle produit du Coton, de l'Indigo, & abonde en Maïs, en Manioc ; il y croît de la Casse, des pommes d'Acajou & de la Vanille. L'Ebene, le bois de Violette, & d'autres bois de Teinture & de Menuiserie y sont communs. Elle a pour Ville Capitale Cayenne, Port à l'Embouchure de la rivière de Cayenne. Cette Ville est défendue par un Fort qui la commande de toutes parts, & par différentes batteries qui montent à soixante pièces de Canon. Le Gouverneur y a l'administration suprême de la Justice.

(a) *L'Isle de Cayenne est-elle considéra-ble ?*

à *Comment se divise la Mer ?*

rieure, c'est-à-dire, qui environne le Continent ; & Mers intérieures, c'est-à-dire, qui se trouvent renfermées dans le Continent.

19 La Mer extérieure de notre Continent a quatre noms différens, suivant les quatre points cardinaux du monde : Océan Septentrional ou Glacial, Océan Oriental ou Indien, Océan Méridional ou Éthiopien, Océan Occidental ou Atlantique.

20 La Mer extérieure de l'autre Continent conserve le nom général de Mer, & porte deux noms différens : Mer du Nord qui baigne la partie Orientale de l'Amérique ; Mer du Sud ou Mer Pacifique qui est entre l'Amérique & l'Asie : elle est à l'Occident de l'Amérique.

----

19 *Comment appelle-t-on la Mer extérieure de notre Continent ?*

20 *Comment appelle-t-on la Mer extérieure de l'autre Continent ?*

21 Les Mers intérieures de notre Continent sont, à commencer par le Nord de l'Europe, la Mer Baltique.

La Mer Blanche ou Golphe de Ruſſie.

La Mer Méditerranée, dont la partie qui s'avance dans les terres d'Aſie, s'appelle Mer du Levant.

L'Archipel qu'on appelle auſſi Mer Blanche, qui eſt plus fameuſe que celle que nous venons de nommer.

La Mer de Marmara, autrefois la Propontide.

La Mer Noire, anciennement le Pont-Euxin.

La Mer de Zabache ou Mer d'Aſoph, autrefois les Palus Méotides, tout près du Pont-Euxin ou Mer Noire.

Ces quatre dernieres communiquent

---

21 *Quelles ſont les Mers intérieures de notre Continent ?*

avec la Mer Méditerranée , & en sont une extension.

La Mer Caspienne qui est au Nord de la Perse.

La Mer Rouge ou Golphe Arabique , entre l'Asie & l'Afrique.

22 Les Mers intérieures du nouveau Continent sont :

La Mer vermeille près la Californie.

La Mer Christiane ou la Baye d'Hudson , tout au Nord de l'Amérique.

Le Golphe de Saint - Laurent , près l'Isle de Terre Neuve.

Le Golphe du Méxique, entre l'Amérique Septentrionale & la Méridionale.

CHAPITRE QUATRIÉME.

DES RIVIERES.

1 ON trouve onze Rivières principales en Europe ; la Tamise en Angle-

---

22 Qelles sont les Mers intérieures du nouveau Continent ?

1 Combien y a-t-il de Rivières principales en Europe ?

terre ; la Torne en Suéde au fond du Golphe de Bothnie, & de la Mer Baltique : le Volga en Ruffie ou Mofcovie ; le Don ou le Tanaïs, dans le même Etat ; le Danube qui commence en Allemagne, & fe jette dans la Mer Noire ; le Borifthêne ou Dniéper, en Pologne ; le Rhin en Allemagne ; la Loire & la Seine en France ; le Tage en Efpagne ; le Pô en Italie.

2 Il y en a huit confidérables en Afie, le Tigre & l'Euphrate dans la Turquie d'Afie ; l'Inde & le Gange dans l'Inde ; le Kiam & le Hoan dans la Chine ; le Jenifea & l'Oby dans la Tartarie.

3 En Afrique, il y en a quatre remarquables ; le Nil dans l'Abyffinie & l'Egypte, le Niger dans la Nigritie ; le Zaïre dans le Congo ; le Cuama dans la Cafrerie.

____

2 Combien y en a-t-il en Afie ?
3 Combien y en a-t-il en Afrique ?

4 Dans l'Amérique Septentrionale il y a deux Rivières considérables ; la Rivière de Canada ou de Saint-Laurent ; la Rivière de Mississipi.

5 Dans l'Amérique Méridionale il y en a deux aussi ; la Rivière des Amazones, c'est le plus grand Fleuve du monde ; la Rivière du Paraguay ou de la Plata.

CHAPITRE CINQUIEME.
Des Villes Capitales des quatre parties du Monde.

EN EUROPE.

1 LES Villes Capitales des principaux Etats de l'Europe sont :

Londres, sur la Tamise, Capitale des Isles Britanniques.

Coppenhague, Capitale du Danne-

---

4 Combien y en a-t-il dans l'Amérique Septentrionale ?

5 Combien y en a-t-il dans l'Amérique Méridionale ?

1 Quelles sont les Villes Capitales des principaux Etats de l'Europe ?

Coppenhague , Capitale du Dannemarck , Port à l'entrée de la Mer Baltique.

Christiania , Capitale de la Norwége , Port sur la baye d'Anslo.

Stockholm , Capitale de la Suéde ,
Port à l'embouchure du Lac Meler ,
dans la Mer Baltique.

Saint - Pétersbourg , Capitale de la
Ruffie , à l'embouchure de la Neva.

Paris , fur la Seine , Capitale de la
France.

Bruxelles , Capitale des Pays - Bas
Autrichiens , fur la Senne.

Amsterdam , Port , Capitale des Provinces Unies ou Hollande.

Bâle , fur le Rhin , Capitale de la
Suiffe.

Vienne , fur le Danube , Capitale de
l'Allemagne.

Prague , Capitale de la Bohême fur
le Muldaw.

Bude , fur le Danube , Capitale de
la Hongrie.

Cracovie, sur la Vistule, Capitale de la Pologne.

Konisberg, Port, Capitale du Royaume de Prusse; le Roi réside à Berlin en Allemagne.

Lisbonne, Port, Capitale du Portugal.

Madrid, Capitale de l'Espagne, sur le Mançanares, qui est un petit ruisseau.

Rome, sur le Tibre, Capitale de l'Italie.

(*a*) Constantinople, Port, Capitale

(*a*) Les Turcs la nomment Stambol; elle est appellée Constantinople du nom de Constantin, premier Empereur Chrétien, qui la fit bâtir en 326, à la place de l'ancienne Bisance. Cette ville est située d'une maniere avantageuse pour le Commerce, sur le Détroit qui porte son nom, & qui joint la Mer de Marmara avec la Mer Noire : c'est une des plus grandes Villes d'Europe; son Port passe pour le plus sûr & le plus beau de l'U-

(a) *Sçavez-vous quelque chose de Constantinople, & pourriez-vous nous dire commen les Turcs la nomment ?*

de la Turquie d'Europe, ainsi que de tout l'Empire des Turcs en Asie & en Afrique.

EN ASIE.

2 Les Villes Capitales des principaux Etats de l'Asie sont, Smirne sur l'Archipel, Capitale de la Turquie d'Asie. La bonté de son Port y attire des

nivers ; elle fut prise par Mahomet II en 1453, & depuis ce tems-là les Empereurs Turcs y ont presque toujours fait leur résidence ; elle est le siége du Patriarche de l'Eglise Grecque, & la résidence du (b) Mufti des Turcs. Les Chrétiens francs ou Européens n'ont pas permission d'y habiter, ils demeurent dans ses Fauxbourgs nommés Pera & Galata, où les Ambassadeurs des différens Etats de l'Europe ont leurs Palais.

(b) Chef ou Grand-Prêtre de la Loi Mahométane, qui a une grande autorité sur les Peuples qui le reconnoissent supérieur.

---

2 *Quelles sont les Villes Capitales des principaux Etats de l'Asie ?*

(b) *Qu'est-ce que le Mufti ?*

Marchands de toutes les Nations ; & elle passe pour la plus commerçante du Levant.

(c) La Méque, Capitale de l'Arabie.

(c) Capitale des Etats du Cherif (d) de la Méque. Le Cherif de cet Etat est fort respecté des Princes Mahométans , parce qu'il est de la famille de Mahomet. Cette Ville est assez grande , bien bâtie , & célèbre par la naissance de Mahomet ; elle a la plus fameuse Mosquée , & la plus fréquentée parmi les Mahométans. Ils croyent qu'elle a été bâtie par Adam , & qu'Abraham & Ismaël , leur Pere, y ont adoré Dieu ; & c'est pour cela que Mahomet a ordonné à ses Disciples de les visiter au moins une fois en leur vie.

(d) Cherif en Arabe signifie Prince ou Seigneur illustre. Les Turcs donnent quelquefois ce nom à leur Empereur, aussi bien que celui de Sultan. Le Prince de la Méque s'appelle Cherif.

(e) C'est le nom que les Mahométans donnent aux lieux où ils s'assemblent pour faire leurs prieres. Il n'est pas permis d'entrer dans ces lieux avec ses souliers ou autres

---

(c) *Quelle est la Méque ?*
(d) *Que signifie Cherif ?*
(e) *Qu'entendez-vous par Mosquée ?*

Ispaham, Capitale de la Perse, située le long du Fleuve Zenderouh.

Agra, sur le Gemène, Capitale de l'Empire du Mogol dans l'Inde.

Goa, Port, Capitale de la presqu'Isle en deçà du Gange, sur la côte de Coromandel, où se trouve aussi Pondichery.

Kecho, sur le Chale, Capitale de la presqu'Isle au delà du Gange.

Pekin, Capitale de la Chine.

Samarcand, entre le Giham & le Sir, Capitale de la Tartarie.

Batavia, Capitale de l'Isle de Java.

Jedo, Capitale du Japon, sur la Rivière de Tonkaw qui se décharge dans son Port par cinq Embouchures.

EN AFRIQUE.

3 Les Villes Capitales des prin-

chaussures : il est aussi défendu aux femmes d'y entrer ; elles se tiennent dans les portiques du dehors.

---

3 *Quelles sont les Villes Capitales des principaux États de l'Afrique ?*

cipaux Etats de l'Afrique sont :

Le Caire, sur le Nil, Capitale de l'Egypte qui dépend des Turcs.

Alger, Capitale de la Barbarie, Port sur la mer Méditerranée.

Benin, sur la Rivière de même nom, Capitale de la Guinée.

Tombut, Capitale de la Nigritie, bâtie à quelque distance du Niger.

Dungala, sur le Nil, Capitale de la Nubie.

Gontar, campagne où réside le Roi de l'Abyssinie.

Saint Salvador, Capitale du Congo, près de la rivière de Lelunde.

Le Cap-de-Bonne-Espérance, Capitale de la Cafrerie pure.

Mozambique, Port, Capitale de la Cafrerie mélangée.

EN AMÉRIQUE SEPTENTRIONALE.

4 Les Villes Capitales des princi-

---

4 *Quelles sont les Villes Capitales des principaux Etats de l'Amérique Septentrionale ?*

paux Etats de l'Amérique Septentrionale font :

Quebec, fur la rivière de Saint-Laurent, Capitale du Canada, ou nouvelle France.

La nouvelle Orléans, Capitale de la Louifiane.

Bofton, Port, Capitale de la nouvelle Angleterre.

Saint-Auguftin, fur la côte Orientale, Capitale de la Floride.

Mexico, fur le bord du Lac de même nom, Capitale du Mexique, ou nouvelle Efpagne.

Santafé, Capitale du nouveau Mexique, à quelque diftance de la rivière de Norte.

EN AMÉRIQUE MÉRIDIONALE

5 Les Villes Capitales des principaux Etats de l'Amérique Méridionale font :

---

5 *Quelles font les Villes Capitales des principaux Etats de l'Amérique Méridionale ?*

Panama, Capitale de la Terre ferme, dans l'Isthme de Panama sur la mer du Sud.

Lima, sur la mer du Sud, Capitale du Pérou.

Sat-Jago, Capitale du Chili.

San-Salvador, Capitale du Brésil, située sur une hauteur, & son Port sur la Baie de tous les Saints.

Buenos-Aires, Capitale du Paraguay, à l'embouchure de la Plata.

CHAPITRE SIXIÉME.

Des différentes Religions des Peuples qui habitent la Terre.

1 Toutes les Religions peuvent se réduire à quatre principales ; sçavoir, le Christianisme, le Mahométisme, le Judaïsme & le Paganisme.

---

1 *Combien y a-t-il de sortes de Religions dans le monde ?*

Du Christianisme.

2. Le Christianisme est la Religion établie par Jesus - Christ ; elle a plusieurs branches qui se réduisent à trois principales ; sçavoir, la Catholique, la Schismatique & la Protestante.

3. La branche Catholique est uniforme en sa foi, & n'admet point de division. C'est la seule qui reconnoît le Pape pour chef visible de l'Eglise ; elle est dominante en Italie, en France, en Espagne, en Portugal, en plusieurs Etats de l'Allemagne & de la Suisse, dans la Pologne, dans la Hongrie, enfin dans tous les Pays que les Puissances Catholiques occupent dans les autres parties du Monde.

4. La branche Schismatique est di-

---

2 Qu'est-ce que le Christianisme ?
3 Divisez-moi la branche Catholique ?
4 En combien de Sectes divisez - vous la branche Schismatique ?

visée en trois Sectes ; sçavoir, la Secte
des Grecs simplement schismatiques ;
la Secte des Jacobites ou Cophtes qui
sont Eutychéens, & les Nestoriens. Le
Schisme de l'Eglise Grecque a été con-
sommé par Michel Cérularius dans le
onziéme siécle. Cette Eglise ne reconnoît point l'autorité du Pape ; elle est
soumise à ses Patriarches , dont les
principaux sont ceux de Constantinople , d'Antioche , de Jerusalem , d'A-
lexandrie , de Moscou , de Téflis & de
Séleucie ; elle est suivie dans l'Empire
de Russie , dans une partie de la Lithua-
nie , dans la Turquie , dans une partie
de la Perse , de l'Egypte & de l'Abyssinie.

5 La branche Protestante que l'on
appelle encore Hérétique , a beaucoup
de Sectes ; mais il y en a cinq principales , sçavoir :

---

5 *Combien la branche Protestante a-t-elle
de Sectes ?*

La Luthérienne qui est dominante dans la Suéde, le Dannemark & la Norwége dans la partie Septentrionale de l'Allemagne, en quelques endroits de la Pologne, de la Hongrie & de la Transilvanie.

La Calviniste qui domine dans les Isles Britanniques, dans la Hollande, dans une partie de l'Allemagne & de la Suisse, de la Pologne, de la Hongrie & de la Transilvanie.

La Socinienne qui n'est publique que dans la Transylvanie; elle est à présent défendue en Hollande comme dans les autres Etats de l'Europe.

Celle des (a) Anabaptistes qui est suivie en plusieurs endroits de la Hol-

_____

(a) Secte d'Hérétiques qui condamnoient le Baptême des Enfans, & qui rebaptisoient tous ceux qui entroient dans leur Communion. Cette Secte causa beaucoup de trouble parmi les Catholiques.

_____

(a) *Qu'est-ce que c'étoit que les Anabaptistes?*

lande, de l'Allemagne & de la Pologne.

Enfin celle des Quakers ou Trembleurs, qui n'est connue qu'en Angleterre & en Hollande. Ces derniers sont des Fanatiques, qui dans leurs prétendues inspirations éprouvent des tremblemens dans leurs membres ; c'est ce qui les a fait appeller Trembleurs.

DU MAHOMÉTISME.

6 Le Mahométisme est la Religion qui a pour Auteur Mahomet (*a*), Ara-

(*a*) Faux Prophète Arabe ; son pere étoit Payen, & sa mere Juive, l'un & l'autre de la lie du peuple. La misere le contraignit de servir chez un riche Marchand Arabe, & celui-ci étant mort, il épousa la veuve, & se servit de ses biens pour s'aggrandir. Il s'associa à Batiras, hérétique Jacobite, à Sergius, Moine Nestorien, & à quelques Juifs ses amis, afin que sa Secte prît quelque chose de chaque Religion ; avec eux il compila son Alcoran qui

----

be de naissance ; elle a beaucoup de
Sectes qui se réduisent à deux principales , sçavoir :

Celle de Sunis , nommée la Secte
d'Omar , & c'est celle que suivent les
Turcs.

Celle des Kiahis , qu'on appelle la

est une pièce remplie d'impertinences. Ainsi sa
Religion composée en partie du Judaïsme , en
partie des rêveries des Hérétiques , accom-
modée à la sensualité de la nature , fut embrassée par des méchans & des voleurs.

Pour tromper ceux qui suivoient son parti ,
comme il tomboit du mal caduc , il avoit un
pigeon familier qui dans ce tems-là lui venoit
becqueter l'oreille , & le faux Prophête faisoit
accroire à ses Disciples que c'étoit l'Ange Ga-
briel , envoyé de Dieu , qui lui donnoit les
ordres qu'il devoit suivre On dit aussi qu'ayant
fait cacher un de ses Disciples dans un puits
sec , il lui commanda de crier tout haut quand
il passeroit , que Mahomet étoit le véritable
Prophête ; il le fit , & tout le monde admira
cette merveille ; mais le trompeur qui craignoit
que son imposture ne fût découverte , ordon-
na dans le même tems à ceux qui le suivoient
de combler ce puits , de peur qu'il ne fût pro-
fané à l'avenir : on le remplit à l'instant de
pierres , & celui qui étoit dedans périt misérablement.

Secte d'Hali ; c'est celle des Persans.

7 Cette Religion est dominante dans les Empires de Turquie, de Perse, du Mogol, dans les Indes , dans la Tartarie, dans les Isles de l'Asie, & dans la plus grande partie de l'Afrique.

DU JUDAÏSME.

8 Le Judaïsme est la Religion que Dieu donna à Moyse sur le Mont Sinaï, & qui n'étoit que la figure de la Loi de grace ; elle se divise en deux branches, la Juive propre & la Samaritaine.

9 Cette Religion est sujette dans toutes les Régions de la Terre ; il y a peu de Juifs en France & en Italie, beaucoup en Allemagne , & un grand nombre en Pologne & en Turquie.

---

7 *Dans quels pays cette Religion est-elle dominante ?*

8 *Qu'est-ce que le Judaïsme ?*

9 *Où cette Religion est-elle professée ?*

D v

DU PAGANISME.

10 Le Paganisme est la Religion qui défère un faux culte aux Idoles ; elle se divise en huit branches principales ; elle est encore suivie dans le Nord de l'Europe & de l'Asie , dans la Chine , dans le milieu de l'Afrique , & dans une grande partie de l'Amérique.

CHAPITRE SEPTIÉME.

DE L'EUROPE.

1 L'Europe, quoique la plus petite des quatre parties du Monde , peut être considérée comme la principale , tant par le nombre de ses Habitans ,

---

10 Qu'est-ce que le Paganisme ?
1 Qu'est-ce que l'Europe ?

D

& la grandeur de ſes richeſſes , que
parce qu'elle eſt la plus fertile en grands
hommes , & le centre de la vraie Religion.

2 L'Europe eſt bornée au Couchant
& au Nord par l'Océan ; à l'Orient par
l'Aſie & la Méditerranée ; & au Midi
par la même Mer qui la ſépare de l'A-
frique.

3 Elle occupe la partie Occidentale
de la Zone tempérée Septentrionale , &
une partie de la Zone froide : de ſor-
te que la plûpart de ſes Habitans ne
reſſentent ni une chaleur trop ardente ,
ni un froid exceſſif.

4 Sa plus grande longueur eſt depuis
le Cap Saint-Vincent au huitiéme degré , juſqu'au-delà du ſoixante - douzié-
me degré de longitude, en y renfer-

---

2 *Quelles ſont les bornes de l'Europe ?*
3 *Sous quel Zône ſe trouve ſituée l'Eu-*
rope ?
4 *Quelle eſt ſa longueur ?*

mant tout le Gouvernement d'Arcangel ; ce qui fait onze cens cinquante lieues environ.

5 Sa latitude est depuis le Cap Matapan en Morée, jusqu'au Nord-Cap en Norwége ; ce qui fait trente-six degrés, depuis le trente-sixiéme jusqu'au soixante-douziéme, c'est-à-dire, neuf cens lieues, à compter vingt-cinq lieues par degré.

6 Elle contient dix-neuf climats de demi heures, depuis le sixiéme jusqu'au vingt-quatriéme, & les deux premiers climats de mois, & la plus grande partie du troisiéme.

7 Il se trouve en Europe quatre sortes de Gouvernemens ; la première sorte s'appelle Gouvernement despo-

---

5 *Quelle est sa latitude ?*

6 *Combien l'Europe contient-elle de climats ?*

7 *Combien y a-t-il de sortes de Gouvernemens en Europe ?*

tique : la seconde, Gouvernement Monarchique ; la troisième , Gouvernement Aristocratique ; & la quatriéme , Gouvernement Démocratique.

8 Le Gouvernement despotique est celui d'un Souverain qui a pouvoir de vie & de mort sur ses Sujets, & qui ne suit d'autre Loi que sa volonté ; tel est le Gouvernement des Moscovites & des Turcs , &c. Le Gouvernement Monarchique est celui d'un Souverain qui gouverne seul un Etat, comme en France, en Espagne , &c. Le Gouvernement Aristocratique est celui où les Seigneurs & les principaux d'une République commandent , comme à Venise. Le Gouvernement Démocratique est celui qui dépend du peuple assemblé , ou de

----

8 *Expliquez-moi quelles sont ces quatre sortes de Gouvernemens ?*

ceux qu'il a choisis pour agir en son nom, comme à Genève.

9 Il y a des Etats dans lesquels se trouvent les trois dernieres sortes de Gouvernemens ; tel est celui d'Angleterre ; le Gouvernement de Pologne est Monarchique & Aristocratique , & celui de Hollande est Aristocratique & Démocratique.

10 Il y a en Europe des Souverains de plusieurs sortes. Les principaux sont , un Prince Ecclésiastique qui est le Pape ; trois Empereurs (*a*) ; sçavoir , celui d'Allemagne , qu'on nomme simplement l'Empereur ; celui de Russie ou Moscovie , qu'on appelle aussi Czar ;

(*a*) Empereur dit un peu plus que Roi ; néanmoins c'est la même autorité.

---

9 *N'y a-t-il pas des Etats où il se trouve plusieurs sortes de Gouvernemens réunis ?*

10 *Combien y a-t-il de Souverains en Europe ?*

(a) *Quelle différence y a-t-il entre Roi & Empereur ?*

& l'Empereur des Turcs qu'on appelle
le Grand - Seigneur.

Onze Rois ; sçavoir, ceux de France,
d'Espagne, de Portugal, d'Angleterre,
de Pologne, de Dannemarck, de Suéde,
de Prusse , de Bohême & de Hongrie
qui est le même, des deux Siciles , enfin de Sardaigne.

Un Archiduc ; sçavoir , celui d'Autriche , & un Grand - Duc qui est celui
de Toscane.

11 Il y a encore huit Républiques (a) ,
qui sont Venise, les Provinces - Unies
ou Etats de Hollande , les Cantons Suisses , la République de Gènes, celles de
Genêve , entre la France, la Suisse &
la Savoye ; de Luques au Nord - ouest
de la Toscane ; de Saint Marin , dans

(a) Un Etat où l'autorité Souveraine dépend de plusieurs personnes.

---

11 *N'y a-t-il pas encore d'autres Etats ou-*
tre ceux que vous venez de nous nommer ?
(a) *Qu'entendez-vous par République ?*

le Duché d'Urbin, près le Golphe de Venise ; & de Raguse, au Midi de la Dalmatie.

12 L'Europe se divise en seize parties.

Quatre vers le Septentrion, qui sont les Isles Britanniques, les Etats de Dannemarck, qui renferment le Dannemarck & la Norwége, la Suéde, & la Russie ou Moscovie.

Huit au milieu, la France, les Pays-Bas, la Suisse, l'Allemagne, la Bohême, la Hongrie, la Pologne & la Prusse.

Quatre au Midi : le Portugal, l'Espagne, l'Italie & la Turquie en Europe.

---

12 *En combien de parties divisez-vous l'Europe ?*

D iv

CHAPITRE HUITIÉME.

Du Royaume de France.

1 La France qui portoit autrefois le nom de Gaule, est le plus ancien des Royaumes Chrétiens, & un des plus florissans de l'Univers.

2 Sa Monarchie a commencé l'an 420, pendant le Pontificat de Saint Boniface Premier, & de Saint Célestin Premier, Théodose second étant Empereur d'Orient, & Honorius d'Occident.

3 Il y a eu depuis Pharamond jus-

---

1 Qu'est-ce que la France ?

2 En quel tems a commencé sa Monarchie ?

3 Combien y a-t-il eu de Rois depuis Pharamond, qui passe pour le premier Roi de France, jusqu'à Louis XV ?

qu'à Louis XV, à préfent regnant, foixante-fix Rois fous trois races; vingt-deux dans la première, treize dans la feconde, & trente-un dans la troifiéme.

4 La première s'appelle des Mérovingiens, la feconde des Carlovingiens, & la troifiéme des Capétiens (*a*).

5 Son Gouvernement eft Monarchique & héréditaire; les feuls enfans mâles & légitimes y ont droit, felon la Loi (*b*) Salique, qui en exclut les femmes.

(*a*) La Mérovingienne tire fon nom de Mérouée, troifiéme Roi de France; la Carlovingienne de Charlemagne, vingt-quatriéme Roi de France, & Empereur d'Occident; la Capétienne de Hugues Capet, trente-uniéme Roi de France, & premier de cette race.

(*b*) C'eft une épithete qu'on donne à une Loi ancienne, & fondamentale du Royaume de France, faite par les François, lorfqu'ils vin-

<hr>

4 Comment fe nomment ces trois Races?
(a) D'où leur font venus ces noms?
5 Quel eft le gouvernement de la France?
(b) Que veut dire Salique?

D v

6 Le Roi de France porte les ti-

rent dans les Gaules, & qui fut rédigée par Pharamond, ou du moins par Clovis Premier.

(*a*) C'est que l'on connoît si peu d'événemens des Regnes de Pharamond, de Clodion,
de Mérouée & de Childeric son fils, que l'on
commence la Chronologie des Rois de France par Clovis, premier Roi Chrétien, qui
peut être regardé comme le véritable fondateur de cette Monarchie.

(*b*) Clovis affermit la domination des François dans les Gaules. Il vainquit Siagrius,
Général des Romains, près de Soissons, & il
le fit décapiter. Il prit Rheims & Soissons en
l'année 485, après avoir gagné la bataille de
Tolbiac, qu'il donna contre les Allemands
près Cologne; il se fit Chrétien suivant le vœu
qu'il en avoit fait s'il demeuroit vainqueur:
il fut baptisé par Saint Remi, Archevêque
de Rheims. Il étoit alors le seul Roi Catholique qu'il y eût dans l'Empire, tant d'Orient
que d'Occident. Il tua près Poitiers de sa propre main Alaric, Roi des Visigoths; il mourut
l'an 511, âgé de quarante-cinq ans, après
en avoir regné trente: il fut enterré à Paris
dans l'Eglise de Saint Pierre & Saint Paul,
qu'on a depuis appellée Sainte Geneviéve, par-

(*a*) *Pourquoi dites-vous par Clovis, puisque*
Clovis n'étoit que le cinquiéme Roi de France?
(*b*) *Que fit Clovis de remarquable?*
6 *Quel titre porte le Roi de France?*

tres de Roi (*a*) très-Chrétien , & de Fils aîné de l'Eglise.

7 Ce dernier titre est fondé sur ce que , lorsque Clovis eut embrassé la

ce que cette Sainte y fut aussi enterrée , il laissa quatre enfans , Thierry fils d'une Concubine , Clodomir , Childebert & Clotaire , tous trois enfans de Clotilde sa femme.

(*a*) C'est Louis XI à qui le Pape Paul second a donné ce nom en 1469 , comme une prérogative spéciale.

(*b*) Il étoit politique , maître de ses passions , courageux , modéré dans ses plaisirs , & pieux en apparence , mais soupçonneux , vindicatif & très-dissimulé , avare par goût & prodigue par politique ; méprisant les bienséances , incapable de sentiment , confondant l'habileté avec la finesse , né cependant avec de grands talens dans l'esprit , & ce qui est singulier , ayant relevé l'autorité Royale , tandis que sa forme de vie , son caractère & tout son extérieur auroient semblé devoir l'avilir. Enfin

---

(a) Lequel de nos Rois a porté le premier le nom de Roi très-Chrétien ?

(b) Louis XI avoit donc beaucoup de piété , & sans doute beaucoup d'autres belles qualités pour avoir mérité ce nom ?

7 Sur quoi est fondé ce dernier titre , fils aîné de l'Eglise ?

D vj

Religion Chrétienne, il étoit le seul Prince Catholique ou Orthodoxe ; les autres étoient engagés dans les héréfies d'Arius ou d'Eutichés.

8 La France s'étend entre le treiziéme degré de longitude , & le vingt-cinquiéme, depuis Breft, Port de Bretagne , jufqu'à Strafbourg en Alface , & entre le quarante-deuxiéme degré de latitude Septentrionale , & le cinquante-uniéme depuis Dunkerque , dans la Flandre , jufqu'à Mont-Louis, dans le Rouffillon ; ainfi elle a plus de douze degrés de longitude ; ce qui fait environ deux cens lieues , & neuf degrés de latitude , & par conféquent deux

ce fut un Roi puiffant & abfolu , que la poftérité a mis au rang des mauvais Princes ; il augmenta les tailles de trois millions ; c'eft lui qui a honoré les armoiries des Médicis de l'Ecuffon de France , & qui a fait venir Saint François de Paule , dans l'efpérance que fes prieres obtiendroient du Ciel fa guérifon.

---

8 *Quelle eft l'étendue de la France ?*

cens vingt-cinq lieues, ces degrés va-
lant tous vingt-cinq lieues.

9 Elle a au Nord la Manche & les
Pays Bas, à l'Occident l'Océan, à l'O-
rient l'Allemagne, la Suisse, la Savoye & le Piémont, partie d'Italie,
dont elle est séparée par les Alpes ; au
Midi la Méditerranée, & les Monts
Pyrénées qui la séparent de l'Espagne.

10 Elle renferme les sixiéme, septiéme, huitiéme, & une partie du
neuviéme climat de demi-heure ; son
plus petit jour d'Eté est de quinze heures, & son plus long de seize heures
trente minutes. Son climat est si tem-
péré, qu'elle n'est sujette ni au grand
froid de la Suéde & de l'Allemagne,
ni aux chaleurs excessives de l'Espagne
& de l'Italie.

11 La seule Religion Catholique est

____

9 Quelles sont ses bornes ?
10 Quels climats renferme la France ?
11 Quelle Religion professe-t-on dans ce
Royaume ?

professée dans ce Royaume depuis la
révocation de l'Edit de Nantes (*a*).
Henri IV (*b*) l'avoit accordé pour

(*a*) C'est que le Roi Henri IV étant l'an
1598 à Nantes, pour recevoir la Province
de Bretagne, qui avoit pris le parti de la li-
gue, avec Philippe-Emmanuel de Lorraine,
Duc de Mercœur son Gouverneur, il y fit au
mois d'Avril l'Edit de Nantes en faveur des
Calvinistes, pour leur permettre la liberté de
leur Religion.

(*b*) La France n'a point eu de meilleur, ni
de plus grand Roi que Henri IV, il étoit son
Général & son Ministre ; il unit à une extrê-
me franchise la plus adroite politique, aux
sentimens les plus élevés une simplicité de
mœurs charmante, & à un courage de Soldat
un fond d'humanité inépuisable. Il rencontra
ce qui forme & ce qui déclare les grands
hommes, des obstacles à vaincre, des périls
à essuyer, & sur-tout des adversaires dignes
de lui. Enfin, comme l'a dit un de ses plus
grands Poëtes,

Il fut de ses Sujets le vainqueur & le pere.

(a) *Pourquoi dit-on l'Edit de Nantes ?*
(b) *Etoit-ce un grand Roi qu'Henri IV ?*

permettre l'exercice de la Religion
Prétendue Réformée , mais Louis

(*a*) Il fut assassiné par François Ravaillac ,
natif d'Angoulême , rue de la Ferronnerie ,
un vendredi 14 Mai 1610 , âgé de cinquante-
sept ans , après en avoir regné vingt-un , & il
fut enterré à Saint Denys , & son cœur porté
au Collége des Jésuites de la Fléche , suivant
la promesse que le Roi leur en avoit faite.

(*b*) C'est que les Génois , au mépris de l'alliance qu'ils avoient faite avec la France ,
entretenoient des intelligences avec l'Espagne , & même avec les Algériens , dont ils fa-
vorisoient les pirateries : & ce fut pour les
punir que le Roi envoya une flotte contre
eux qui brûla presque toute leur Ville ; & il
ne leur accorda la paix qu'à condition que le
Doge (*) , & quelques Sénateurs lui feroient
leurs soumissions , ce qu'ils exécuterent ; mais
Louis XIV qui avoit déja ébranlé les fondemens du Calvinisme en France , acheva enfin de l'y détruire , en révoquant l'Edit de
Nantes , & tous les autres Edits en faveur de
la Religion Prétendue Réformée , & en ordon-
nant que leurs temples feroient démolis.

(*) Nom qu'on donne au Chef de la République de Venise , & qui signifie Duc.

(*a*) *Comment mourut-il ?*
(*b*) *Pourquoi Louis XIV révoqua-t-il l'Edit
de Nantes ?*
(*) *Que signifie Doge ?*

XIV le révoqua (*a*) en 1685.

12 La France produit non-seulement
tout ce qui est nécessaire à la vie, mais
encore tout ce qui peut la rendre agréable & aisée ; en un mot elle est la plus

(*a*) Louis XIV fut, de l'aveu même des
Etrangers, un des plus grands & des plus
glorieux Princes que la Monarchie Françoise
ait eu depuis son établissement ; sans parler
de ses victoires & de ses conquêtes, sa Religion, sa sagesse, sa Politique, son goût pour
les beaux Arts, sa libéralité à l'égard de ceux
qui s'y distinguerent ; l'ordre qu'il mit dans
l'administration de la Justice, & dans ses armées de Terre & de Mer, sa politesse, son
affabilité héroïque au lit de la mort ; enfin
toutes ses vertus Royales qui lui ont fait
donner le nom de grand, le feront admirer
de la postérité la plus reculée ; les louanges
qu'on lui donne aujourd'hui, font voir qu'il
méritoit celles qu'on lui a données pendant sa
vie. Après la mort de ce grand Prince, le Duc
d'Anjou, son arrière petit-fils, qui depuis la
mort de son frere, portoit le nom de M. le
Dauphin, succéda à la Couronne, & prit le
nom de Louis XV. Le Duc d'Orléans, neveu
du feu Roi, fut déclaré Régent du Royaume.

(*a*) *Qui étoit Louis XIV ?*
12 *Que produit la France ?*

belle & la plus puissante Monarchie de
l'Europe : de sorte que l'Empereur Maximilien considérant sa fertilité & ses avantages, dit un jour que s'il se pouvoit faire
qu'il fût Dieu, l'aîné de ses fils lui
succéderoit, & le second seroit Roi
de France.

13 Cet Etat est composé de trois
Corps, qui sont le Clergé, la Noblesse,
& le Peuple qu'on appelle le Tiers-
Etat ; c'est ce qui formoit autrefois les
Etats où toutes les Provinces envoyoient
leurs Députés : on y décidoit les affaires
importantes du Royaume. Les derniers
Etats se tinrent à Paris l'an 1614, sous
Louis XIII.

14 Ce Royaume renferme vingt (a)
Universités, dix - huit Archevêchés,

(a) C'est une Compagnie composée de plusieurs Colléges dans la même Ville, dans lesquels des Professeurs enseignent différentes

---

13 *De combien de corps est composé cet Etat ?*
14 *Que renferme ce Royaume ?*
(a) *Qu'est-ce qu'une Université ?*

*

cent onze Evêchés, douze (*a*) Parle-

fciences. Une Univerfité renferme ordinairement quatre Facultés ; fçavoir, celles de Théologie, de Droit, de Médecine & des Arts.
Comme ces Facultés réunies comprennent
toutes les fciences, on donne le nom
d'Univerfité au Corps dont elles font Membres.

(*) Ce font en commençant par le Nord,
Douay en Flandre, Caën en Normandie, Paris dans l'Ifle de France, Rheims en Champagne, Pont-à-Mouffon en Lorraine, Strafbourg en Alface, Nantes en Bretagne, Angers en Anjou, Orléans dans l'Orléanois,
Bourges en Berry, Dijon en Bourgogne, Be-
fançon en Franche-Comté, Poitiers en Poitou, Valence en Dauphiné, Bourdeaux en
Guyenne, Perpignan dans le Rouffillon, Tou-
loufe & Montpellier en Languedoc, Aix en
Provence, & Orange dans le Territoire de
ce nom.

(*a*) Des Cours Supérieures qui jugent en
dernier reffort. Le Parlement de Paris eft le premier, & celui dont le reffort eft de plus
grande étendue ; c'eft la Cour des Pairs, le
lieu où le Roi de France tient fon lit de Juf-

(*) *Vous dites qu'il y en a vingt, qui font-*
elles ?

(a) *Qu'entendez-vous par Parlemens ?*

mens, onze Chambres des (*a*) Comptes, douze (*b*) Cours des Aides, deux

tice : il est composé de quatre Chambres ; la Grand'Chambre, & les trois Chambres des Enquêtes ; il étoit ci-devant composé de six Chambres, mais Louis XV en a réformé deux. Les deux Chambres des Requêtes sont aussi du Parlement. La Grand'Chambre est celle où se plaident les causes d'Audience, les rôles des Provinces ; & les trois Chambres des Enquêtes sont celles où l'on juge les Procès par écrit.

(*) Ce sont, en suivant l'ordre de leur institution, Paris, Toulouse, Grenoble, Bourdeaux, Dijon, Rouen, Aix, Rennes, Pau, Metz, Besançon & Douay.

(*a*) Ce sont des Cours Supérieures fort anciennes, où se rendent les comptes des deniers du Roi, & où on enregistre & garde tout ce qui concerne son Domaine.

(*b*) Des Jurisdictions Supérieures établies pour juger les différends sur les deniers Royaux, à la réserve du Domaine.

(*) *Dites moi à présent quels sont les douze Parlemens que vous comptez en France ?*

(*a*) *Quelles sont les Chambres des Comptes ?*

(*b*) *Qu'est-ce qu'on appelle Cours des Aydes ?*

(*a*) Cours , & trente Hôtels des Monnoyes, trois (*b*) Conseils Souverains, outre le Grand-Conseil établi au Louvre à Paris, vingt (*c*) Généralités, cent soixan-

(*a*) Des Cours Supérieures qui jugent en dernier ressort du fait des Monnoyes , & de tout ce qui y a rapport dans une certaine étendue de pays. On appelle à ces Cours de toutes les Chambres ou Hôtels des Monnoyes qui sont dans le Royaume ; il n'y en a que deux, qui sont Paris & Lyon.

(*b*) Ce sont des Jurisdictions Supérieures établies pour juger les Procès en derniere Instance ; on appelle à ces Conseils de tous les Présidiaux, Bailliages & Sénéchaussées. La Jurisdiction du Grand-Conseil établi à Paris s'étend sur tout le Royaume ; mais elle est restreinte aux matières bénéficiales, & à quelques autres par Commission.

(***) Le Conseil Souverain d'Artois établi à Arras, celui d'Alsace à Colmar, & celui de Roussillon à Perpignan.

(*c*) L'étendue d'un Bureau des Trésoriers de France établi pour faciliter la recette des Tailles, & autres deniers Royaux. Chaque Gé-

---

(*a*) Qu'est-ce que les Cours des Monnoyes ?
(*b*) Qu'est-ce que les Conseils Souverains ?
(***) Nommez moi ces trois Conseils Souverains ?
(*c*) Qu'est ce qu'on appelle Généralité ?

te & quinze (*a*) Elections, & sept (*b*)
pays d'Etats.

15 Il y a encore quatre Conseils d'Etat
pour le Gouvernement des affaires de
tout le Royaume, & l'administration
générale de la Justice & des Finances.

Le premier qui est proprement le

néralité a son Intendant particulier, excepté
Toulouse & Montpellier qui sont sous le
même.

(*a*) C'est un Tribunal où on juge des diffé-
rends sur les Tailles & les Impôts en première
Instance, à l'exception des Gabelles & du
Domaine du Roi.

(*b*) Les Provinces qui ont droit de former
des assemblées, afin d'ordonner elles-mêmes
des contributions qu'elles doivent faire pour
soutenir les charges de l'Etat ; de les régler &
de les faire payer. Les sept pays d'Etats qu'on
compte en France sont, l'Artois, la Bretagne,
la Bourgogne, la Franche-Comté, le Languedoc, le Roussillon & la Provence.

(*a*) Qu'est ce qu'une Election ?
(*b*) Qu'est-ce qu'on nomme pays d'Etats ?
15 Outre les trois Conseils Souverains que
vous venez de nous nommer, n'y en a-t-il pas
encore d'autres ?

seul Conseil d'Etat, quoique les autres en portent auſſi le nom, eſt celui que le Roi tient avec les Miniſtres. On y traite des affaires générales de l'Etat, de la Guerre, de la Paix, des alliances avec les Etrangers. Le ſecond s'appelle le Conseil Royal des Finances, le troiſiéme le Conseil des Dépêches. On y traite des affaires des Provinces, des Placets, Lettres, Brevets pour les Gouvernemens des Provinces. Le quatriéme, le Conseil Privé ou des Parties. Les affaires qui y ſont rapportées, ſont des caſſations d'Arrêts des Parlemens, ou des évocations pour les récuſations des Juges. C'eſt le ſeul Conseil où le Roi n'aſſiſte pas en perſonne, le Chancelier y préſide.

DES RIVIERES.

16 Entre un grand nombre de Ri-

____

16 *Quelles ſont les principales Rivières de la France?*

vières qui arrofent la France , on en remarque quatre confidérables, qui font la Seine , la Loire , la Garonne & le Rhône.

17 La Seine a fa fource près Saint Seine en Bourgogne , traverfe la Champagne , l'Ifle de France , la Normandie , & fe décharge dans la Manche au Havre de Grace. Les Villes principales qu'elle arrofe font Troyes , Melun , Paris & Rouën.

18 La Loire prend fa fource dans les montagnes du Vivarais , & fe décharge dans l'Océan , après avoir traverfé le Velay , le Forez , le Bourbonnois , le Nivernois , l'Orléanois , la Touraine , une partie de l'Anjou , & la partie Méridionale de la Bretagne. Elle arrofe les Villes de Rohane où elle commence à porter bâteau , Nevers , la

---

17 *Où la Seine a-t-elle fa fource ?*
18 *Où la Loire prend-elle fa fource ?*

Charité, Orléans, Blois, Tours, Saumur & Nantes.

19 La Garonne, appellée aussi la Gironde après sa jonction avec la Dordogne au Bec d'Ambez, a sa source au Val-d'Aran dans les Pyrénées ; elle traverse le pays de Cominge, va à Toulouse, à Agen, arrose le Bazadois, se rend à Bourdeaux, & se décharge assez loin de cette Ville dans l'Océan.

20 Le Rhône prend sa source au Mont Saint Gothard en Suisse, traverse le Valois, le Lac de Genève, cotoye une partie de la Savoye, sépare le Dauphiné de la Bresse, passe à Lyon, & se rend presqu'en droite ligne dans la Méditerranée, après avoir cotoyé le Dauphiné, le Comtat d'Avignon & une partie de la Provence ; les Villes les plus remarquables qui sont sur ses bords,

----

19 *Où la Garonne a-t-elle sa source ?*
20 *Où le Rhône prend-il sa source ?*

sont Lyon, Vienne, Valence, Montelimar, Avignon, Beaucaire, Tarascon & Arles.

21 Outre ces quatre principales Rivières, on peut encore en compter vingt-quatre, dont six au Nord, onze dans le milieu, & sept au Midi.

22 Les six rivières du Nord sont la Somme, qui se décharge dans la Manche à S. Valeri, l'Oise qui se décharge dans la Seine à Conflans Sainte Honorine, au-dessous de Pontoise; la Marne près de Paris; l'Aisne qui se jette dans l'Oise près de Compiegne; la Meuse qui se décharge dans la Mer au-dessous de Dordrecht en Hollande; & la Moselle qui se jette dans le Rhin à Coblentz en Allemagne, dans l'Electorat de Treves.

---

21 *Quelles sont encore les autres Rivières de la France?*

22 *Quelles sont les six Rivières du Nord?*

E

23 Les onze rivières du milieu font la Vilaine qui fe décharge dans l'Océan au deſſous de la Roche-Bernard ; la Mayenne qui fe jette dans la Loire au-deſſous d'Angers ; la Sarte qui fe jette dans la Mayenne au-deſſus d'Angers ; le Loir qui s'unit à la Sarte au - deſſus de cette même Ville ; le Cher qui, après avoir côtoyé Tours, fe décharge dans la Loire ; l'Indre qui fe jette dans la Loire entre le Cher & la Vienne. La Creuſe qui fe jette dans la Vienne à quelques lieues au-deſſous de la Haye en Tourraine. La Vienne qui fe décharge dans la Loire au-deſſous de Chinon, L'Yonne qui fe jette dans la Seine à Montereau. La Saône qui fe jette dans le Rhône au-deſſous de Lyon, & le Doux qui fe jette dans la Saône au-deſſus de Châlons.

24 Les fept rivières du Midi font la

---

23 *Quelles font les onze Rivières du Milieu ?*
24 *Quelles font les fept Rivières du Midi ?*

Dordogne au Bec-d'Ambés dans le Bour-
delois. Le Lot près d'Aiguillon dans
l'Agénois. Le Tarn près de Moiſſac
dans le Querci. L'Adour qui ſe jette dans
l'Océan à Bayonne. L'Allier qui ſe décharge dans la Loire près de Nevers.
L'Iſere qui ſe jette dans le Rhône au-
deſſus de Valence ; & la Durance qui
ſe jette dans cette même rivière au-deſſous d'Avignon.

25 Les montagnes les plus hautes
de la France ſont les Alpes qui la ſé-
parent de l'Italie, les Pyrénées qui la
bornent du côté de l'Eſpagne, celles
des Cévennes dans le bas Languedoc,
& les Montagnes d'Auvergne.

---

25 *Quelles ſont les plus hautes Montagnes
de la France ?*

CHAPITRE NEUVIÉME

Division de la France

1 On divise la France en trente-un grands Gouvernemens ; sçavoir, sept au Septentrion, treize dans le Milieu, & onze vers le Midi.

2 Les sept Gouvernemens du Septentrion sont la Flandre Françoise, où est Lille, Capitale, sur la Deule. La Picardie, où est Amiens, Capitale, sur la Somme. La Normandie, où est Rouen, Capitale, sur la Seine. L'Isle de France, où est Paris, sur la Seine, Capitale de tout le Royaume. La Champagne, où est Troyes, Capitale, sur la Seine. La

---

1 Comment divise-t-on la France ?
2 Quels sont les sept Gouvernemens du Septentrion ?

Lorraine , où est Nancy , Capitale , sur la Meurte , & l'Alsace , où est Strasbourg , Capitale , sur l'Ill.

3 Les treize Gouvernemens, du Milieu sont d'Occident en Orient ; la Bretagne , où est Rennes, Capitale, sur la Vilaine; le Maine , où est le Mans , Capitale , sur la Sarte. L'Anjou , où est Angers , Capitale , sur la Mayenne. La Tourraine , où est Tours , Capitale , sur la Loire. L'Orléanois , où est Orléans , Capitale, sur la Loire. Le Berri , où est Bourges, Capitale , sur l'Auron. Le Nivernois , où est Nevers , Capitale , sur la Loire. La Bourgogne , où est Dijon , Capitale , sur l'Ouche. La Franche-Comté , où est Besançon , Capitale , sur le Doux. Le Poitou, où est Poitiers , Capitale, sur le Clain. L'Aunis , où est la Rochelle , Capitale, sur l'Océan. La Marche , où est Gueret , Capitale , sur la Guartempe. Et le Bourbonnois , où est Moulins , Capitale , sur l'A

---

3 Quels sont les treize Gouvernemens du milieu ?

E iij

4 Les onze gouvernemens du Midi sont la Saintonge, où est Saintes, Capitale, sur la Charente. Le Limosin, où est Limoges, Capitale, sur la Vienne. L'Auvergne, où est Clermont, Capitale. Le Lyonnois, où est Lyon, Capitale, sur le Rhône. Le Dauphiné, où est Grenoble, Capitale, sur l'Isere. La Guyenne, où est Bourdeaux, Capitale, sur la Garonne. Le Bearn, où est Pau, Capitale, sur le Gave. Le Comté de Foix, où est Foix, Capitale, sur l'Ariége. Le Roussillon, où est Perpignan, Capitale, sur la Tet. Le Languedoc, où est Toulouse, Capitale, sur la Garonne. Et la Provence, où est Aix, Capitale, sur l'Arc.

5 On peut encore en compter sept sur le même pied que les précédens, c'est-à-dire, dont les Gouverneurs ne

---

4 Quels sont les onze Gouvernemens du Midi?
5 N'y a-t-il pas encore d'autres Gouvernemens?

reçoivent leurs ordres que du Roi ; mais ces Gouvernemens sont fort petits , ne renfermant pour la plûpart qu'une Ville. Voici leurs noms ; Paris sur la Seine ; Boulogne , Port ; le Havre de Grace , Port ; Saumur sur la Loire, Metz sur la Moselle , Verdun sur la Meuse , & Toul sur la Moselle.

Des principaux Ports de Mer.

6 Il y a dix-sept principaux Ports de Mer en France ; sçavoir , quatorze sur l'Océan , & trois sur la Méditerranée.

7 Les quatorze Ports de l'Océan sont Dunkerque & Gravelines en Flandre ; Calais en Picardie ; Dieppe & le Havre en Normandie ; Saint-Malo , Brest , l'O-rient , Port Louis en Bretagne ; la Ro-

---

6 Combien y a-t-il de principaux Ports de Mer ?

7 Quels sont les quatorze Ports de l'Océan ?

* E iv

chelle & Rochefort au pays d'Aunis ; Bourdeaux , Bayonne & Saint Jean-de-Luz dans la Guyenne.

8 Les trois Ports qui font fur la Méditerranée font Cette en Languedoc , Marfeille & Toulon en Provence.

9 Il ne paroît pas néceffaire de nous étendre davantage fur la Sphère , le Globe Terreftre , & la Géographie. Ce que nous venons d'en dire fuffit pour nous donner une connoiffance générale du Monde entier. Il ne s'agit plus à préfent que de fçavoir quand & comment Dieu a fait ce grand ouvrage ; comme il l'a fait librement, & qu'il eft éternel, il n'y a point de moment de l'Éternité où il n'eût pû le faire s'il l'eût voulu ; & fa volonté n'ayant point de caufe , ne nous peut être connue que par la révélation , & par l'Hiftoire

---

8 *Quels font les trois Ports qui font fur la Méditerranée ?*

9 *Eft-ce là tout ce que vous avez à nous dire fur la Sphère , le Globe Terreftre & la Géographie ?*

même du Monde. C'est à quoi il faut nécessairement avoir recours pour déterminer la durée du Monde. Nous avons l'un & l'autre dans l'Histoire de Moyse, qui a décrit la Création du Monde, & marqué les années qu'il avoit duré depuis son commencement jusqu'au tems qu'il vivoit. Mais avant que de commencer l'Histoire du Monde, il est à propos de donner la définition de l'Histoire.

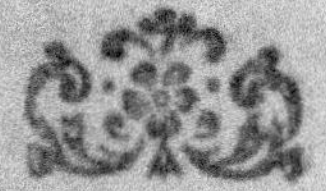

TROISIÈME PARTIE.

Dans laquelle on traite de l'Histoire de l'Ancien Testament, & de l'Histoire de l'Eglise en abrégé.

DÉFINITION DE L'HISTOIRE.

1. L'HISTOIRE est la connoissance, ou le récit fidéle de ce qui s'est passé dans l'Univers depuis sa Création.

2. Cette connoissance nous a été transmise par tradition ou par écrit.

3. La Tradition est le recueil des récits faits par les premiers hommes à leurs enfans, de tout ce qui étoit arrivé de digne de mémoire pendant le cours de

----

1 Qu'est-ce que l'Histoire ?
2 Comment cette connoissance nous a-t-elle été transmise ?
3 Qu'est-ce que la Tradition ?

leur vie. Cet assemblage de faits multi-
pliés à chaque génération est parvenu
successivement jusqu'à nous, sans le
secours de l'Ecriture, ni d'autres signes
équivalens qui puissent en rappeller le
souvenir. C'est de ce défaut de signes
que naît l'incertitude de la Tradition, &
la confusion que la multitude des faits
a dû produire dans le Monde. Il en faut
cependant excepter les grandes vérités
de la Religion, qui étant en petit nombre, & fondées sur la Révélation & sur
la Tradition, nous ont été exactement
transmises par les descendans de la race
fidelle.

4. L'Histoire Ecrite renferme tous les
faits dont la mémoire s'est conservée par
l'Ecriture, ou par quelqu'autre sigue
expressif & permanent.

5. L'Histoire considérée du côté du
tems est ancienne ou moderne.

---

4 Que renferme l'Histoire Ecrite?
5 Qu'est-ce que l'Histoire considérée du côté
du tems?

6. L'ancienne eſt la connoiſſance des événemens qui ont précédé la naiſſance du Meſſie. Elle comprend l'eſpace de quarante ſiécles ou de quatre mille ans.

7. La moderne eſt le récit de ce qui eſt arrivé depuis Jeſus-Chriſt : elle conꞇient plus de dix-ſept ſiécles & demi, je veux dire 1764 ans.

8. L'Hiſtoire, par rapport aux faits conſidérés en eux-mêmes, eſt ou ſacrée, ou profane, ou naturelle.

9. L'Hiſtoire Sacrée eſt le récit de tous les préceptes Divins & naturels, & de tous les changemens légitimes ou criminels introduits dans le culte en conſéquence de l'exactitude ou de l'oubli de l'hommage dû à la Divinité ; en un moꞇ, c'eſt l'Hiſtoire de la Religion. Elle eſt ou Sainte, ou Prophétique, ou Eccléſiaſtique.

Les deux premieres sont comprises dans l'Ancien Testament, & la derniere dans le Nouveau.

10. L'Histoire profane est le tableau de toutes les actions générales & particulieres des différentes sociétés humaines, de leurs établissements, de leurs alliances, de leurs guerres, de leurs vices, de leurs vertus, & de leurs découvertes.

CHAPITRE PREMIER.

Histoire de l'Ancien Testament en abrégé.

DE LA CRÉATION DU MONDE.

1. Dieu, cet Être Suprême qui se suffit à lui-même, & qui jouit dans son essence de toute la plénitude de sa félicité, voulant manifester au-dehors ses

---

10 *Qu'est-ce que l'Histoire Profane ?*
1 *Comment le Ciel & la Terre ont-ils été formés ?*

perfections infinies, & exécuter dans le tems ce qu'il avoit arrêté dans ses Conseils éternels, a créé l'Univers par un seul acte de sa volonté libre. La Terre ne fut d'abord que couverte d'un abîme d'eau, dénuée de tout ornement & enveloppée d'épaisses ténebres. L'Esprit de Dieu se porta sur les eaux comme un vent impétueux, les disposa en quelque sorte à produire les ouvrages qu'il avoit résolu d'en faire sortir, & il y employa six jours.

LE PREMIER JOUR.

2. Dieu dit que la lumiere soit, & la lumiere fût. A l'ordre du Créateur, les parties lumineuses, séparées du mélange des eaux, se ramasserent en un seul corps (a) Sphérique. Dieu en-

(a) En forme de Globe ou de Boule.

---

2 Que fit Dieu le premier jour?
(a) Que veut dire Corps Sphérique?

fuite , ayant vû que la lumiere étoit bonne , la fépara des ténébres , & il établit par une loi ftable , que déformais les jours & les nuits fe fuccéderoient alternativement les uns aux autres.

LE DEUXIÈME JOUR.

3. Dieu divifa les eaux fupérieures d'avec les inférieures ; c'eft-à-dire qu'il plaça (*a*) l'Athmofphère entre les eaux fupérieures renfermées dans les nuées , & les inférieures qui contiennent les Mers, les Lacs , les Rivieres. Des parties raréfiées des eaux qui couvroient la terre , fe formerent ces efpaces immenfes deftinés au cours réglé des Aftres. Le Ciel fut appellé Firmament

(*a*) La partie de l'Air qui environne la Terre, & où fe forment les Météores, c'eftà-dire les mixtes imparfaits.

---

foit parce qu'il comprime de toute part le Globe Terreſtre, ſoit parce que la main du Créateur y tient ſuſpendus tous les corps céleſtes.

LE TROISIEME JOUR.

4. Dieu fit ſécher la terre en raſſemblant la plus grande partie des eaux dans ce vaſte creux de l'Océan, & en faiſant de l'autre partie les Mers intérieures, les Lacs, les Rivieres. Ce qui étant fait, il rendit la terre féconde en toutes ſortes de plantes, d'herbes & d'Arbres qui porterent tous leurs ſemences & leurs fruits ſuivant leurs différentes eſpèces. Ainſi la terre, de nue & ſtérile qu'elle étoit auparavant, fut cou verte d'une agréable verdure ; ſes champs fûrent émaillés de fleurs ; & ſes Arbres, en s'élevant, préſenterent leurs branches chargées de feuilles & de fruits déjà mûrs.

4. *Que fit Dieu le troiſieme jour ?*

LE QUATRIEME JOUR.

5. Dieu voiant que la lumiere qu'il avoit déjà faite, n'étoit pas affez forte pour éclairer & échauffer tout enfemble, fit paroître le Soleil pour échauffer & éclairer la terre pendant le jour, la Lune & les Étoiles pour fervir de guide pendant la nuit. Il régla en même tems leurs mouvemens & leur cours, & voulut que les Aftres marquaffent les faifons & les révolutions de la lumié-re. C'eft ainfi qu'en défignant avec tant d'exactitude les fonctions de chaque corps lumineux, fonctions toutes defti-nées au fervice de l'homme, Moïfe dé-truit invinciblement le culte fuperfti-tieux des Aftres introduit chez le peuple Hébreu.

LE CINQUIEME JOUR.

6. Dieu ceffa de créer les Etres in-

---

5 *Que fit Dieu le quatrieme jour?*
6 *Que fit Dieu le cinquieme jour?*

sensibles, & résolut de créer les animaux qui, suivant leur destination, devoient peupler l'eau & l'air. A peine le Créateur eût il parlé que les eaux, dociles à sa voix, firent éclore de leur sein des poissons, & des animaux. L'air fût tout à coup rempli d'Oiseaux qui se répandirent dans la partie inférieure de notre Athmosphère, & vinrent se reposer sur la terre. Dieu ayant vû que son ouvrage étoit bon, bénit tous ces animaux, & leur dit de croître & de multiplier. A la voix du Créateur, les Poissons remplirent la vaste étendue des Mers, & les Oiseaux prenant l'essor, remplirent l'air, qu'ils firent retentir par le son mélodieux de mille ramages différents.

LE SIXIEME JOUR.

7. En ce jour qui est le dernier de la création, Dieu ne voulut pas que la

---

7 *Que fit Dieu le sixieme jour ?*

terre fût le seul de ses ouvrages qui demeurât déserte ; il resolut de créer les animaux terrestres de toutes les espèces, sçavoir les animaux domestiques, les reptiles & les bêtes sauvages. A sa voix la terre fut couverte d'animaux quadrupedes qui se répandirent dans les Plaines, dans les Forêts, & dans les montagnes, & les reptiles ramperent de tous côtés sur sa surface. Ensuite Dieu pensa à terminer son ouvrage par le chef-d'œuvre de sa puissance ; & il dit, faisons l'homme à notre image & à notre ressemblance, & qu'il commande aux Poissons de la Mer, aux Oiseaux du Ciel, aux bêtes & à toute la terre. Rien ne prouve plus la noblesse & l'excellence de la nature de l'homme que la conduite que tint Dieu en le formant ; lorsqu'il a voulu créer ses autres ouvrages, quelqu'admirables qu'on les suppose, il ne lui a fallû qu'une seule parole pour leur donner l'existence & la perfection. Mais est-il question

de l'homme, il paroît se consulter, &
se détermine à le faire à son image &
à sa ressemblance ; & pour l'introduire
dans le monde d'une maniere immé-
diate & solemnelle, d'un peu de li-
mon détrempé, il lui forma un corps
organisé, & par le souffle vivifiant de
sa bouche, il lui inspira d'une manière inexplicable une ame douée d'un
entendement pour lui faire concevoir
les choses les plus difficiles ; d'une mémoire pour lui rappeller les choses les
plus éloignées ; d'une volonté pour le
rendre capable de mériter & de déméri-
ter ; à peine cette ame fût-elle répandue
dans le corps de l'homme, qu'elle lui
communiqua à l'instant le mouvement&
la vie. Tel sortit l'homme des mains de
Dieu, & tel Dieu le plaça dans le Paradis
terrestre.

8. Quoiqu'il ne soit pas parlé des

---

8 *Dans tout ce que vous nous avez dit jusqu'ici de la Création, il n'est pas question des
Anges, est-ce qu'ils n'ont pas été créés ?*

Anges dans ce que Moïse écrit de la création du monde, il est probable qu'ils ont été créés, lorsque Dieu dit ces paroles, que la lumiere soit faite.

ENTRÉE d'Adam dans le Paradis Terrestre.

FORMATION DE LA FEMME.

9. Dieu, en créant l'homme, l'avoit doué de tout ce qui pouvoit le rendre heureux. Outre les perfections de l'ame & du corps dont nous avons déjà parlé, il lui avoit accordé le don purement gratuit de la justice originelle : don précieux qui, en lui procurant le glorieux avantage de n'avoir ni ignorance dans l'entendement, ni foiblesse dans la volonté, ni désordre dans le cœur, l'exemptoit des maladies, des besoins, des chagrins, & de la

____

9 *Quelles étoient les qualités d'Adam, quand Dieu l'introduisit dans le Paradis Terrestre?*

mort même : exemption attachée à son obéissance, & dont il devoit être privé par sa rébellion. Avec ces rares qualités, l'homme fut introduit dans le Paradis terrestre, au milieu duquel le Créateur avoit planté deux Arbres ; l'un nommé Arbre de vie, & l'autre Arbre de la science du bien & du mal. Dieu, après avoir nommé le premier homme Adam, nom pris de la terre dont il l'avoit tiré, lui fit examiner tous les Arbres du Paradis Terrestre. Il lui permit de manger de tous les excellens fruits qu'ils portoient, & ne lui fit qu'une exception. Il lui défendit expressément, & sous peine de mort, de toucher au fruit de l'Arbre de la science du bien & du mal. Il fit ensuite assembler autour d'Adam tous les animaux tant Terrestres qu'Aquatiques, afin qu'il leur donnât leurs noms. Ce qu'Adam fit sur le champ, en leur donnant à chacun un nom qui répondoit exactement à leurs qualités naturelles.

10. Comme Adam étoit seul, & qu'il n'avoit point de compagnie qui lui fût proportionnée, Dieu lui envoia un profond sommeil, pendant lequel il lui tira une côte dont il forma la femme douée comme lui des qualités tant naturelles que surnaturelles, & la lui présenta. Adam à son réveil s'écria dans un transport de joie, voilà maintenant l'os de mes os, la chair de ma chair ; c'est pourquoi l'homme quittera son pere & sa mere pour s'attacher à sa femme, & ils seront deux dans une même chair. Voilà le droit primordial du mariage qui doit se contracter entre un seul homme & une seule femme, droit que Jesus-Christ par la loi de la grace a rétabli dans sa premiere vigueur, en défendant expressément la pluralité des femmes qui s'étoit introduite dans les tems postérieurs. Dieu bénit ensuite ces nouveaux Epoux ; il

---

10 *Comment Dieu créa-t'il la femme ?*

leur dit de croître & de multiplier, &
leur indiqua les alimens dont ils devoient se nourrir.

Chûte de nos premiers Peres.

11. Lorsqu'Adam & Eve commen-
çoient à jouir des délices du Paradis,
le Démon, cet esprit de ténebres qui
étoit déjà tombé par son orgueil, &
qui ne pouvoit souffrir que ces deux
innocentes créatures jouissent d'une béa-
titude dont il s'étoit privé sans retour par
sa rébellion, chercha tous les moyens
de les rendre complices du même crime.
Il prit pour cela la figure du Serpent
qui étoit le plus fin & le plus rusé de
tous les animaux, & s'étant approché
de la femme qui lui paroissoit plus aisée
à séduire, lui dit : Pourquoi Dieu ne
vous a-t'il pas permis de manger indif-
féremment de tous les fruits de ce jardin? La femme lui répondit: Nous avons

---

11 *Comment nos premiers Peres pécherent-ils ?*

la

la liberté de manger du fruit de tous les arbres de ce jardin ; mais Dieu nous a défendu de toucher au fruit de l'arbre qui est au milieu, de peur que nous ne mourrions. Le Démon, par la sagacité qui lui est naturelle, ayant apperçu quelques semences secrettes de désobéissance dans le cœur de la femme, profita adroitement de ces dispositions, & lui répondit que, quand elle en mangeroit, elle ne mourroit point ; que ce n'étoit pas pour cette raison que Dieu leur avoit fait cette (a) défense ; mais c'est qu'aussi-tôt qu'ils auroient mangé

(a) Il est incertain si Dieu avoit fait ce commandement avant ou après la création de la femme ; mais s'il l'avoit fait auparavant, il a pû le faire encore à Eve même après l'avoir créée, ou elle a pû l'apprendre d'Adam ; ce qu'il y a de certain, elle le sçavoit.

(a) Mais la femme n'étoit pas encore formée, lorsque Dieu défendit à Adam de toucher au fruit de l'arbre de la science du bien & du mal, ainsi elle pouvoit l'ignorer ?

P

de ce fruit, leurs yeux s'ouvriroient, & qu'ils deviendroient semblables à lui, par la connoissance du bien & du mal. Ce discours séducteur devoit naturellement faire connoître à la femme, qu'il ne venoit que d'un esprit rebelle qui ne cherchoit qu'à la séduire ; mais, à demi-vaincue par ces paroles qui flattoient sa vanité, elle considéra la beauté de ce fruit, qu'elle crut aussi délicieux qu'il étoit beau, & en ayant pris, elle en mangea & en donna à son mari, qui, par une lâche complaisance pour elle, en mangea aussi. Ce fut ainsi que nos premiers Peres péchèrent, & que le péché entra dans le Monde.

Punition de nos premiers Peres.

12 A peine nos premiers Peres eurent-

---

12 *Qu'arriva-t-il à Adam & à Eve après qu'ils eurent péché ?*

ils transgressé la Loi de Dieu, que leurs yeux s'ouvrirent, mais d'une manière bien différente de celle que le Serpent leur avoit promis. Ils reconnurent, mais trop tard, le bien qu'ils venoient de perdre, & le malheur dans lequel ils s'étoient précipités. Privés de la Justice originelle, ils commencèrent à sentir dans leurs corps les mouvemens déréglés de la concupiscence, & s'appercevant pour la première fois de leur nudité, ils entrelacèrent des feuilles de figuier, & s'en firent de quoi se couvrir. Ayant ensuite entendu la voix de Dieu, qui, sous une figure sensible, se promenoit dans le Paradis, au lieu d'en être ravis de joie, comme ils avoient été jusqu'alors, ils s'enfuirent de devant lui, & se cachèrent au milieu des arbres du Paradis. Adam ! lui dit le Seigneur Dieu, où êtes-vous ? Pourquoi vous cachez-vous ? Seigneur, lui répondit Adam, je me suis caché, parce que j'avois honte de paroître nud

en votre préfence. Qui vous a appris,
lui repartit le Seigneur, que vous étiez
nud ? Auriez vous cette connoiffance,
& votre nudité vous feroit-elle rou-
gir, fi vous n'aviez pas tranfgreffé ma
Loi ? Adam, confus de voir fon crime
découvert, ne chercha point à l'aggra-
ver par un menfonge ; il en rejetta la
faute fur fa Femme, qui l'avoit enga-
gé à manger de ce fruit. Dieu dit enfuite à la Femme, pourquoi m'avez-
vous défobéi ? Elle imitant fon mari,
& voulant auffi rejetter fa faute fur un
autre, répondit, le Serpent m'a trom-
pée. Le Créateur s'adreffant au Serpent, ou plutôt au Démon qui en avoit
pris la figure, lui dit : Comme tu as
furpris la crédulité de la Femme, tu es
maudit entre tous les animaux de la
Terre, tu ramperas fur le ventre, &
tu ne te nourriras que de pouffière : je
mettrai une inimitié éternelle entre toi
& la Femme, entre fa race & la tien-
ne ; elle t'écrafera la tête, & tu chercheras

à la mordre par le talon. Dieu dit à la femme : à cause de votre désobéissance, vous enfanterez avec douleur, & vous serez sous la puissance de votre mari : il dit ensuite à Adam, parce que vous avez écouté la voix de votre Femme plutôt que la mienne, la terre sera maudite, elle ne vous produira que des ronces & des épines, & vous mangerez votre pain à la sueur de votre front, jusqu'à ce que vous retourniez dans la Terre d'où vous avez été tiré : car vous n'êtes que poudre, & vous retournerez en poudre.

13 Adam, pour se consoler de la mort à laquelle il se voyoit condamné, par l'espérance de se voir revivre dans sa postérité, donna à sa femme le nom d'Eve, qui en Hébreu signifie vivre, parce qu'elle étoit destinée à être la mere de tous les vivans.

---

13 *Que fit alors Adam ?*

14 Dieu fit ensuite à Adam & à sa Femme des habits de (*a*) peaux, dont il les revêtit ; & pour les humilier davantage, il leur dit par une espèce d'ironie, voilà cet Adam qui est devenu comme l'un de nous, sçachant le bien & le mal ; empêchons donc maintenant qu'il ne mange du fruit de l'arbre de vie, & qu'il ne vive éternellement ; c'est pourquoi il les chassa du Paradis terrestre, pour aller travailler à la culture de la Terre, & mit à la porte des (*b*)

(*a*) Afin qu'ils se souvinssent qu'ayant été créés pour être semblables à Dieu par la sainteté de leur vie, ils s'étoient rendus semblables aux bêtes par leur péché.

(*b*) On ne sçait pas précisément ce que Moyse entend par Chérubins ; on croit communément que c'étoient des Anges ; mais le mot Hébreu se peut prendre généralement pour toutes les choses capables d'inspirer la terreur.

---

14 Dieu laissa-t-il Adam & Eve avec leurs habits de feuilles de figuier ?

(a) Pourquoi Dieu leur donna-t-il des habits de peaux ? est-ce qu'il n'auroit pas pû les habiller autrement ?

(b) Qu'est-ce que Moyse a voulu nous marquer par ces Chérubins ?

Chérubins avec une (*a*) Epée de feu
pour garder le chemin qui conduisoit à
l'arbre de vie. Tel fut l'état d'innocence dans lequel nos premiers Peres
avoient été créés, & qui ne fit, pour
ainsi dire, que se montrer & disparoî-
tre en un instant.

15 On ne sçait pas précisément combien de tems Adam & Eve ont demeuré dans le Paradis terrestre. L'o-
pinion commune est qu'ils n'y sont res-
tés qu'un seul jour. Quoiqu'il en soit,
il est certain qu'ils ont été chassés le
même jour qu'ils ont désobéi au Commandement de Dieu. Voilà à peu près
toutes les particularités de la création

(*a*) L'épée de feu se peut prendre métaphori-
quement pour le tonnerre ou quelqu'autre
corps, qui par son éclat empêchoit les hommes
de s'approcher du Paradis.

____

(*a*) *Et que signifie l'épée de feu?*
15 *Combien de tems Adam & Eve ont-ils
demeuré dans le Paradis Terrestre?*

du Monde expliquées ; il ne s'agit plus
que de sçavoir combien il y a d'années
qu'il est créé ; c'est ce que nous allons
voir dans la Chronologie Sainte.

CHAPITRE SECOND.

De la Chronologie Sainte.

1 IL y a différens sentimens sur le
tems qu'il y a que le Monde est créé,
parce qu'on n'est pas d'accord sur le
tems qui s'est écoulé depuis la création
jusqu'au Déluge ; mais en suivant le
texte Hébreu, qui est celui qu'on a suivi dans la (*a*) Chronologie Sainte, il y

(*a*) Chronologie est la science des tems
auxquels sont arrivés les événemens les plus
dignes de mémoire ; & le tems marqué par

---

1 *Combien y a-t-il d'années que le monde
est créé ?*
(a) *Qu'est-ce que la Chronologie ?*

a cinq mille sept cens soixante-quatre ans que le Monde est créé ; sçavoir, quatre mille ans depuis la création jusqu'à la naissance de Jesus-Christ , & mil sept cens soixante - quatre ans depuis la naissance de Jesus-Christ jusqu'à cette année : & tout ce tems se divise en sept âges , six accomplis à la naissance de Jesus-Christ , & un septième qui est celui dans lequel nous sommes, qui s'accomplit tous les jours , & qui ne finira qu'avec le Monde.

2 Le premier âge a commencé avec le Monde, & s'est terminé au Déluge , l'an 1656 : il comprend mille six cens cinquante-six ans.

3 Cet âge renferme plusieurs événe-

un événement digne de mémoire s'appelle une époque ; & quand il s'agit de la fondation d'un Etat , on l'appelle quelquefois une Ere.

____

2 Quand a commencé le premier âge , & combien comprend-t-il d'années ?
3 Que renferme cet âge ?

mens mémorables, tels que la création de toutes chofes tant vifibles qu'invifibles ; l'Etat originel du premier Homme & de la première Femme ; leur féjour dans le Paradis terreftre ; le précepte Divin donné à nos premiers Peres ; leur bonheur dans l'innocence ; la malice de l'Efprit tentateur ; fon apparition fous la forme du Serpent ; la chûte d'Adam & d'Eve fatale à leur poftérité ; leur misère dans leur chûte ; leur confolation dans la promeffe de la Rédemption ; leur affûjettiffement à un état de vie fervile & miférable ; l'origine des facrifices ; l'invention de quelques Arts ; la naiffance de Caïn & d'Abel ; le meurtre d'Abel par Caïn, & fes fuites ; la naiffance de Seth ; la généalogie des Patriarches depuis Adam jufqu'à Noé ; la corruption univerfelle du genre humain ; la menace du Déluge ; la conftruction de l'Arche ; la diftinction des enfans de Dieu d'avec les enfans des Hommes, c'eft-à-dire, de ceux qui vivoient selon l'Esprit, d'avec ceux qui vivoient selon la chair ; enfin leur mélange & leurs alliances , sources de cette corruption qui ne put être lavée que par les eaux du Déluge.

4 Les Patriarches qui ont vécu dans ce premier âge sont Adam , Seth , Enos, Caïnam , Malaléel , Jared , Enoch , Matusalem , Lamec & Noé.

DEUXIEME AGE.

5 Le deuxiéme âge a commencé à la fin du Déluge, l'an 1657, & s'est terminé à la vocation d'Abraham l'an 2083 ; il comprend quatre cens vingt-sept ans.

6 Nous avons à considérer dans cet intervalle , l'entrée de Noé dans l'Arche avec sa Femme , ses trois Fils & leurs Femmes , les seules personnes sauvées

---

4 Quels sont les Patriarches qui ont vécu dans ce premier âge ?

5 Quand a commencé le second âge ?

6 Qu'avons-nous à considérer dans cet intervalle ?

de tout le genre humain, l'alliance que Dieu fit avec Noé ; la promesse du Messie restreinte à la famille de Seth ; la malédiction des descendans de Cham ; la vie des hommes accourcie, leur multiplication ; la naissance de Phaleg ; le partage (*a*) de la terre par les trois Fils de Noé, desquels sont descendus tous les peuples ; leur assemblée dans la plaine de Sennaat ; leur entreprise de la Tour de Babel ; la confusion des langues ; la dispersion du genre humain ; l'oubli de l'origine commune qui ne se conserve plus que dans la famille d'Heber ; enfin l'abandon universel à l'Idolâtrie.

7 Les Patriarches qui ont vécu dans

(*a*) Noé, comme Propriétaire du Globe Terrestre, le partagea entre ses trois fils, dont les familles s'étoient extrêmement multipliées. Japhet eut l'Europe & l'Asie Mineure ; Cham eut l'Afrique, l'Arabie & la Palestine ; Sem eut l'Asie Orientale.

(*a*) *Comment le partage de la terre se fit-il entre les trois fils de Noé?*

7 Quels sont les Patriarches qui ont vécu dans cet âge?

cet âge sont Sem, Arphaxad, Salé, Heber, Phaleg, Réhu, Sarug, Nachor, Tharé, Abraham.

TROISIEME AGE.

8 Le troisiéme âge a commencé à la vocation d'Abraham l'an 2083, & s'est terminé à la sortie du peuple Juif de l'Egypte l'an 2513, & il comprend quatre cent trente ans.

9 Cet âge nous fait connoître les mœurs & la Religion d'Abraham & de ses descendans durant leurs voyages ; la promesse du Messie transmise de ce Patriarche à son Fils Isaac, & à son petit Fils Jacob, à l'exclusion d'Ismaël (d'Esaü) ; la circoncision établie comme la marque de l'alliance que Dieu avoit faite ; la destruction des Villes de Sodome, de Gomorre, &c. par le feu du

---

8 Quand a commencé le troisiéme âge, & combien comprend-il d'années ?
9 Que nous fait-il connoître ?

Ciel ; le combat myſtérieux de Jacob ; héritier des vertus de ſes Peres ; ce qui lui fit donner le nom d'Iſraël ; les douze Patriarches qui ont donné le nom aux douze Tribus du peuple Hébreu ; la vente de Joſeph par ſes Freres ; ſon tranſport en Egypte, où il devint le favori & le premier Miniſtre du Roi ; l'établiſſement de ſa famille dans ce pays ; la Prophétie de Jacob, qui, en découvrant à ſes enfans l'état de leur poſtérité, prédit en particulier à Juda le tems où devoit naître le Meſſie ; le maltraitement que la famille de Joſeph eut à ſouffrir des Egyptiens ; la réſolution du Roi de l'exterminer ; l'ordre de tuer tous les enfans qui en naîtroient ; la naiſſance de Moïſe ; les dix playes de l'Egypte : enfin la délivrance miraculeuſe de ce peuple chéri.

10 Les douze Patriarches qui ont

---

10 *Quels ſont les douze Patriarches qui ont donné leurs noms aux douze Tribus ?*

donné leurs noms aux douze Tribus
font Ruben, Siméon, Juda, Iſſachar,
Zabulon, Dan, Nephtalim, Gad, Aſer,
Benjamin, Manaſſès & Ephraïm.

11 On ne parle pas ici de Lévi, parce que la Tribu qui faiſoit la treiziéme,
fut deſtinée à la Sacrificature, & incor-
porée dans les autres Tribus.

QUATRIEME AGE.

12 Le quatriéme âge a commencé à
la ſortie des Juifs de l'Egypte l'an
2513, & s'eſt terminé à la dédicace du
Temple de Salomon l'an 2992, & il
comprend quatre cens ſoixante-dix neuf
ans.

13 Ce quatriéme âge n'eſt qu'une
ſuite continuelle de miracles ; d'un côté

---

11 *Vous ne parlez pas de Lévi, eſt-ce qu'il
n'y a pas eu une Tribu qui a porté ſon nom ?*
12 *Quand a commencé le quatriéme âge ?*
13 *Que nous fait voir cet âge ?*

nous verrons Dieu devenir Roi du peuple Hébreu ; après l'avoir délivré de l'Egypte , lui donner des Loix par le ministère de Moyse ; préférer les Lévites pour en faire ses Ministres ; choisir parmi eux la seule famille d'Aaron , pour lui confier le Sacerdoce ; marcher à la tête de son Peuple ; pourvoir miraculeusement à sa subsistance dans le désert ; châtier ses rebellions ; récompenser sa fidélité ; enfin l'introduire dans la Terre de Chanaan. Nous verrons d'un autre côté ce Peuple toujours rebelle , se lasser d'avoir Dieu pour son Roi, & en demander un pour être gouverné à la manière des autres Nations ; mais Dieu, pour punir son ingratitude , ne le punit de ses murmures qu'en lui accordant l'objet de ses souhaits. Nous verrons Saül leur premier Roi, fier de sa dignité , désobéir aux ordres du Très-Haut ; David mis à sa place ; la Couronne rendue héréditaire dans la maison de cet admira-

ble Berger , de ce grand Roi , de ce
grand Prophéte , qui a chanté si digne-
ment les louanges de l'Eternel ; enfin
Salomon , son Fils & son Successeur ,
bâtir cet auguste Temple , une des
merveilles de l'Univers , & le premier
consacré au vrai Dieu.

IDÉE GÉNÉRALE

De l'Histoire des Juifs sous les Juges.

14 Dieu , pour punir les murmures
des Israélites , les fit errer pendant quarante ans dans le désert , où ils périrent
tous , à l'exception de Josué & de Caleb , qui n'avoient point eu de part aux
crimes des autres , & qui introduisirent
les enfans de cette multitude dans la
Terre promise. Moïse & Aaron n'y
entrèrent point , parce qu'ayant reçu

---

14 *Donnez moi une idée générale de l'his-*
toire des Juifs sous les Juges ?

ordre de Dieu de frapper un rocher pour en faire fortir de l'eau, ils le frappèrent avec quelque défiance. Après la mort de Moïfe, les Hébreux furent gouvernés par Jofué, qui ayant défait trente-un Rois, divifa la terre de Chanaan en douze Tribus ; mais après la mort de ce grand Capitaine, il y eût un interregne pendant lequel les Ifraélites abandonnés aux mauvais confeils de leurs paffions, & charmés d'une fauffe liberté, oublièrent la Loi Sainte, & tombèrent dans une trifte fervitude ; mais ils ne furent pas long-tems fans fentir les inconvéniens de l'indépendance, & fe virent forcés de chercher un Maître parmi leurs égaux, pour les délivrer de leurs Tyrans : alors ils établirent le gouvernement des Juges, dont l'autorité étoit uniquement fondée fur l'intégrité, fur la valeur : leurs fonctions furent de juger les Procès des particuliers, & de défendre la liberté par les armes. Leurs principaux Juges font

Caleb, vainqueur des Chananéens &
des Sydoniens ; Othoniel qui défit
Chusan, Roi de Mésopotamie ; Aod
qui tua Églon, Roi des Moabites ; San-
gar vainqueur des Philistins ; Baral aidé
des conseils de Débora, qui tailla en
piéces l'armée du Roi de Chanaan ;
Gédéon qui, avec trois cens hommes,
armés seulement d'une trompette &
d'une lampe de fer, défit vingt mille
Madianites ; Abimélec, meurtrier de
ses Freres & tyran d'Israël, qui fut tué
d'un coup de pierre, lancée par une
Femme du haut d'une tour ; Thola qui
rétablit le culte du vrai Dieu, & triompha des ennemis publics ; Jaïr qui par
une saine politique, établit ses trente
Fils dans autant de Villes ; Jephté
qui ayant triomphé des Ammonites,
sacrifia sa fille Seila en vertu d'un vœu
que l'on peut regarder ou comme une
témérité aveugle, ou comme une fer-
veur indiscrette ; Abdon qui, par son
zèle, retint le Peuple dans le culte du

vrai Dieu ; Samson qui tua mille Philiſtins avec une mâchoire d'âne, & qui
fut écraſé avec trois mille autres en
renverſant leur Temple ; Héli qui,
manquant de fermeté pour châtier ſes
deux fils corrompus juſqu'au fond de
l'ame, mourut de douleur en appre-
nant la défaite de ſon Peuple par les
Philiſtins, la mort de ſes enfans & la
priſe de l'Arche ; enfin Samuel qui pro-
clame Saül Roi. Ainſi de République,
la maiſon de Jacob devint une Monarchie.

CINQUIÉME AGE.

15 Le cinquiéme âge a commencé à
la dédicace du Temple de Salomon
l'an 2992, & s'eſt terminé à la liberté
rendue aux Juifs par Cyrus l'an 3468 ;
& il comprend quatre cens ſoixante-
ſeize ans.

---

15 *Quand a commencé le cinquiéme âge ?*

16 Cet âge nous fait connoître les actions & faits mémorables de Salomon, le schisme des dix Tribus révoltées, les guerres & les alliances que les Rois de Juda & d'Israël firent entr'eux, ou avec d'autres Princes; les Prophètes, leurs occupations, leurs mœurs, la ruine du Royaume d'Israël par Salmanazar, qui transporta les dix Tribus dans l'Assyrie, & peupla leur pays d'une colonie de Cuthéens; l'histoire de Tobie; la prise de Jérusalem par Nabuchodonosor, Roi de Babylone; l'embrasement du Temple; enfin la captivité des deux Tribus dans Babylone.

17 Le Royaume de Juda a commencé après la mort de Salomon, & a duré trois cens quatre-vingt-sept ans, sous dix-neuf Rois. Le premier est Roboam

----

16 *Que nous fait connoître cet âge ?*
17 *Quand est-ce que le Royaume de Juda a commencé, & combien a-t-il duré ?*

qui fut battu par Sefac, Roi d'Egypte,
que quelques-uns croyent être le fameux Séfoftris; les autres Rois les plus
connus font Abias, qui auroit été un
grand Roi s'il eût confervé la Religion;
Aza qui, par un grand zèle pour le culte
du vrai Dieu, défendit l'Idolâtrie fous
de graves peines. Jofaphat qui, pour
fon amour pour la gloire & pour la
Religion, fe fit craindre & refpecter
de fes voifins. Joram qui par fa tyran-
nie cruelle & indigne perdit l'Idumée.
Joas qui ne conferva fa piété & fon innocence que pendant la vie du Grand
Prêtre Joïada, & qui enfuite vécut malheureux, & périt par une trahifon,
pieux envers Dieu, jufte envers les
hommes, & attaché au bien de fon
Royaume. Achaz impie & méchant,
dont les mauvaifes inclinations ne pu-
rent être corrigées, ni par les bons
exemples, ni par les châtimens, & qui
apprit aux Affyriens le chemin de la
Judée, en les appellant à fon fecours

contre le Roi d'Ifraël. Ezéchias le plus pieux de tous après David, délivré miraculeufement dans Jérufalem contre les forces entières des Affyriens, qui furent exterminés dans une nuit par un Ange, au nombre de cent quatre-vingt-cinq mille. Manaffès, fous lequel Judith arrêta les conquêtes des Affyriens, en coupant la tête de leur Général Holopherne. Joachim fous lequel Nabuchodonofor prit pour la deuxiéme fois Jérufalem, & c'eft de cette prife que commencent les foixante-dix années de captivité. Enfin Sédécias, le dernier qui fut emmené à Babylone, quelque tems après Efther, Niéce de Mardochée qui obtint d'Affuérus, fon Epoux, la grace des Juifs que le fuperbe Aman vouloit perdre.

18 Le Royaume d'Ifraël a commen-

---

18 *Quand le Royaume d'Ifraël a-t-il commancé, & combien a-t-il duré ?*

cé également à la mort de Salomon ; il a duré deux cens cinquante-quatre ans sous treize Rois. Le premier est Jéroboam qui fit soulever les dix Tribus ; les autres Rois les plus fameux sont Nabad, l'horreur de l'univers, ainsi que ses sujets, par l'Idolâtrie & par d'autres crimes. Baasa, meurtrier de Nabad & vainqueur des Syriens. Amri qui bâtit Samarie, & en fit la Capitale de ses Etats. Achab qui réunissoit tous les vices & les portoit jusqu'à leur comble. Joas qui par sa prudence tint ferme contre trois ennemis terribles, les Syriens, les Juifs & sa propre iniquité. Jéroboam second, célèbre par ses conquêtes sur le Roi de Syrie. Sellum, meurtrier du Roi Zacharie, qui ne fit qu'un pas du Trône au tombeau. Enfin Ozée, le dernier Roi d'Israël sous lequel arriva la captivité des dix Tribus, l'an du Monde trois mille deux cens quatre-vingt trois.

19

19 Les Prophétes qui ont vécu dans cette période, sont cinq grands Prophétes, sçavoir Isaïe, Jérémie, Baruth, Ezéchiel & Daniel ; & neuf petits qui sont Osée, Joël, Amos, Abdias, Jonas, Michée, Nahum, Habacuc, Sophonias ; il en reste encore trois petits, sçavoir ; Aggée, Zacharie & Malachie qui sont du sixiéme âge (a).

SIXIÉME AGE.

20 Le sixiéme âge a commencé à la liberté rendue aux Juifs par Cyrus, l'an 3468, & s'est terminé à la naissance

(a) Les grands Prophétes sont ainsi appellés, parce qu'il nous ont laissé beaucoup plus de choses par écrit que les autres, qui pour cette raison sont appellés petits.

---

19 Quels sont les Prophétes qui ont vécu dans cette période ?

(a) D'où leur vient ce nom de grands & petits Prophétes ?

20 Quand a commencé le sixiéme âge ?

G

de Jesus-Chrift arrivée l'an du Monde
4000 ; ainfi il comprend cinq cent
trente-deux ans.

21 Ce dernier âge renferme les plus
grandes révolutions. Dieu qui avoit
châtié fon Peuple en pere pendant la
captivité, en lui envoyant des Prophétes chargés de menaces & de funeftes
prédictions, ne lui en envoye à fon retour que pour le confoler, & pour lui
prédire un heureux rétabliffement. Cyrus qu'il avoit fufcité pour accomplir
ces prédictions, renvoye ce Peuple dans
fon Pays, lui permet de rebâtir fon
Temple, & lui en fournit même les
moyens. Zorobabel, à la tête de qua-
rante-deux mille hommes, jette les
fondemens du Temple qui eft achevé
en feize ans, malgré les oppofitions des
Cuthéens, qui avoient pris de la Ville
de Samarie, le nom de Samaritains.

---

21 *Que renferme ce dernier âge ?*

Ceux-ci , jaloux des priviléges accordés aux Juifs par Cyrus , irrités d'ailleurs de n'avoir pas contribué également à ce grand ouvrage , n'avoient rien oublié pour ruiner cette entreprise ; mais le peuple de Dieu , soutenu & encouragé par les exhortations des Prophétes Aggée , Zacharie & Malachie , parvint enfin au comble de ses desirs ; Néhémie rebâtit les murs de Jérusalem en vertu du Décret d'Artaxerxès Longuemain , & c'est du Decret de ce Prince , daté de la vingtiéme année de son regne , que commencent les soixante-dix semaines de Daniel. En calculant depuis cette date , la mort de Jesus-Christ tombe précisément au milieu de la soixante-dixiéme semaine. Esdras , Prêtre & Docteur de la Loi , fait une revision exacte des Livres Saints , les met en ordre , & y ajoûte les deux Livres des Paralipomènes , & l'Histoire de son tems ; c'est ce grand Ouvrage que l'on nomme le Vieux Testament:

c'est vers ce tems-là que la langue Hé-
braïque cesse d'être vulgaire. Les Juifs
écrivent l'Hébreu en caractères Chaldéens ; mais les Samaritains, opposés
en tout aux Juifs, retiennent l'ancien
caractère Hébreu dans le Pentateuque
que nous nommons Samaritain, &
font bâtir sur la Montagne de Garisim
un Temple pour l'opposer à celui de
Jérusalem.

22 On doit ici observer que la ruine
de l'Empire de Perse ne change rien
aux affaires des Juifs. Alexandre le
Grand marche contre eux, & s'arrête
à la vue de leur Souverain Pontife, qui
lui montre les Prophéties où ses victoires sont prédites ; mais ils sont per-
fécutés par les successeurs de ce Prince.
Ptolomée, fils de Lagus, surprend Jérusalem, & emmene en Egypte cent
mille Captifs. Ptolomée Philadelphe

---

22 *Que doit-on ici observer ?*

vit en paix avec eux, & fait traduire leurs écritures en Grec ; cette traduction est la célèbre version des Septantes (*a*).

23 Ptolomée Philométor (*b*) juge le fameux Procès des Juifs & des Samaritains, & décide en faveur des premiers ; les derniers sont punis de mort, ne pouvant prouver par les termes de la Loi de Moyse, que leur Temple de Garisim, quoique consacré à Jupi-

(*a*) C'étoient de sçavans vieillards qu'Eléazar Souverain Pontife envoya sur la demande de ce Roi.

(*b*) Philométor veut dire ami de sa mere, & ce Prince haïssoit Cléopatre à qui il devoit la vie, parce qu'elle lui avoit voulu préférer son jeune frere Ptolomée ; ce nom lui fut donné par raillerie, comme le nom de Philadelphe fut donné à Ptolomée second, qui veut dire amateur de ses freres, parce qu'il s'étoit défait d'eux.

____

(a) Qu'est-ce que c'étoit que les Septantes ?
23 Que s'est-il encore passé de remarquable dans ce dernier âge ?
(b) Que veut dire Philométor ?

ter, devoit l'emporter sur celui de Jérusalem. Les Juifs sont ensuite persécutés par les Rois de Syrie qui les soumettent. Antiochus l'illustre entreprend de ruiner le Temple, la Loi de Moyse, & toute la Nation Juive ; mais il est arrêté par la résistance de Mathathias, Souverain Pontife de la race de Phinée, qui rétablit la puissance de la maison des Amorrhéens ou des Macchabées, qui gouverne les Juifs pendant cent trente ans sous dix Princes ; les cinq premiers, sçavoir, Mathathias, Judas, Jonathas, Simon & Jean Hircan, ne prennent que le titre de Princes & de Souverains Pontifes ; les cinq derniers, sçavoir, Aristobule premier, Alexandre, Jeannée, Hircan Second & Antigone prennent le titre de Rois, & font un Etat considérable par leurs conquêtes sur les Syriens, les Iduméens, les Philistins, les Ammonites, mais la division cause la ruine de cette maison. Hérode, soutenu des Romains, s'élève sur ses débris & se fait couronner Roi des Juifs. Ce Prince fait mourir toute la race des Amorrhéens, sans même épargner sa femme & ses deux Fils, & c'est sur la fin de son regne que le Messie vient au monde pour prêcher la doctrine que Dieu avoit résolu de faire annoncer à tout l'Univers; mais soixante-dix ans après, cette Nation séditieuse, après la destruction de Jérusalem, se disperse par tout le monde, & montre en tout lieu les effets de la vengeance la plus terrible, que jamais Dieu ait exercée sur aucun Peuple.

Nous voilà enfin parvenus à la naissance de Jesus-Christ, où commence l'Histoire du Nouveau Testament; mais avant de quitter l'Ancien Testament, on ne fera pas mal de reprendre en détail les Histoires qui sont les plus intéressantes & les plus frappantes. Par exemple, les Histoires du Déluge, de la Tour de Babel, de Joseph, d'Eze-chias, &c. sont des morceaux qui peuvent donner matière à faire faire de grandes réflexions aux jeunes gens. Comme on a toutes ces Histoires dans l'Abrégé de l'Histoire de l'Ancien Testament, on a cru pouvoir se dispenser de les rapporter ici.

CHAPITRE SECOND.

SEPTIEME AGE.

Histoire de l'Eglise en Abrégé.

1 LE septiéme âge a commencé à la naissance de Jesus - Christ l'an quatre mille du monde, & se terminera à la fin des siécles ; il comprend jusqu'à nous 1764 ans, c'est-à-dire, dix-

---

1 *Quand a commencé le septiéme âge, & quand finira-t-il ?*

sept siécles & demi passés. C'est proprement l'âge des Chrétiens , &
tout ce qui s'est fait dans le reste du
monde , n'est presque plus à compter.
Il n'y a de considérable que ce qui s'est
fait dans l'Eglise qui est le véritable
Royaume de Jesus-Christ.

2 Cet âge renferme tout ce qu'il y a
de plus grand & de plus important
pour les Chrétiens. Le Messie prédit
par les Prophétes , attendu par les Juifs ,
vient dans le tems marqué , quatre
mille ans après la création du Monde.
Le Verbe de Dieu s'incarne dans le
sein d'une Vierge ; il est nommé Jesus ;
il annonce l'Evangile aux Juifs ; il leur
dit qu'il est ce Messie prédit par les
Prophétes ; il le fait voir par sa Doctrine & par ses Œuvres ; ils le mécon-
noissent, le font condamner & attacher
à la Croix ; il meurt , & ressuscite le

----

2 *Que renferme cet âge ?*

G v

troisiéme jour. Après sa résurrection il
confirme ses Apôtres pendant quarante
jours qu'il reste sur la terre ; il leur or-
donne de prêcher l'Evangile à toutes
les Nations, & de les baptiser au nom
du Pere, du Fils, & du Saint-Esprit ;
il monte enfin aux Cieux, & fait des-
cendre le Saint Esprit d'une maniere visible sur ses Apôtres & sur ses Disciples,
pour achever de former son Eglise. Il prédit que cette Eglise sera attaquée fortement, qu'elle aura beaucoup à souffrir, soit de la part des Payens, soit
de la part des faux Prophétes ; mais que
les portes de l'enfer ne prévaudront
jamais contre elle, & qu'il sera toujours avec les fidéles jusqu'à la consom-
mation des siécles.

3 Cette prédiction a été vérifiée dans
tous ses points & dans tous les tems.
Les Apôtres ont prêché l'Evangile aux

____

3 *Cette prédiction a-t-elle été vérifiée ?*

Juifs & aux Gentils ; ils ont fait un
grand nombre de Chrétiens ; les Juifs
& les Payens les ont persécutés ; les
Empereurs Romains ont déclaré une
guerre ouverte au Christianisme pendant les trois premiers siécles ; ils ont
fait périr les Chrétiens par le fer & par
le feu ; ils ont épuisé inutilement tous
les supplices pour les détruire ; ils ont
fait quantité de Martyrs, & le sang de
ces Martyrs a été comme une semence
qui a multiplié les Chrétiens. Dans ces
commencemens il s'est élevé un grand
nombre de faux Docteurs qui ont enseigné des erreurs monstrueuses. Ils ont
eu quelques Sectateurs ; mais ces héréfies
n'ont pas subsisté long tems. L'Eglise
Catholique a toujours eu l'avantage. Au
commencement du IVe siécle l'Empereur Constantin, s'étant fait Chrétien,
& étant devenu le maître de tout l'Empire, a donné la tranquillité à l'Eglise.
Le Paganisme, affoibli malgré les efforts
de ses prédécesseurs, a été presqu'en-

tiérement détruit dans son regne ; mais en même tems il s'est élevé une Secte ennemie de la Divinité de Jesus-Christ, qui a déchiré l'Eglise pendant une grande partie de ce siécle : tout sembloit réuni pour la favoriser ; des Empereurs ont été pour elle ; un grand nombre d'Evêques l'ont embrassée ; des Conciles l'ont approuvée ; mais enfin la vérité a prévalu ; l'Arianisme a été détruit (a).

(a) Hérésie dont Arius fut Auteur. Arius étoit un Prêtre de l'Eglise d'Alexandrie, natif de la Lybie Cyrénaïque, qui paroissoit avoir de la vertu & du zéle pour la Religion, & qui ne croyoit pas au Mystère de la Sainte Trinité. Il fut d'abord excommunié par Saint Pierre d'Alexandrie. Comme Arius étoit venu à bout de troubler tout l'Orient par ses artifices, l'Empereur Constantin voulant faire finir toute dispute, le fit venir à Constantinople, & lui demanda s'il suivoit la foi de Nicée ; Arius le lui assura avec serment, & ensuite l'Empereur lui ayant demandé sa profession de foi, il la lui présenta, mais dressée avec tant d'artifice, qu'il y cachoit le

____

(a) Qu'est-ce que c'étoit que l'Arianisme ?

4 Dans le cinquiéme siécle, l'Eglise a encore été agitée par les troubles qu'ont fait naître le Pélagianisme , le Nestorianisme & l'Eutychianisme. (*a*)

venin de l'hérésie sous la simplicité des paroles de l'Ecriture. Constantin se persuadant que le retour d'Arius étoit sincère , fit commander à Saint Alexandre de tendre la main à un homme qui tâchoit de se sauver. Cependant les Ariens suivoient comme en triomphe Arius qui faisoit des discours vains & insolents , dans l'assurance d'être bientôt reçu dans l'Eglise. En passant dans une place de Constantinople , il se sentit tout d'un coup pressé de quelque nécessité naturelle , & étant entré dans un lieu écarté pour se soulager , il y périt misérablement , vuidant les boyaux , les intestins , le foye , la rate & le sang l'an 336.

(*a*) Pélage , Nestorius & Eutychés.

* Pélage, Auteur du Pélagianisme, étoit d'Angleterre ; c'est pour cette raison que S. Prosper l'appelle Serpent Britannique ; c'étoit un simple Moine qui n'étoit point dans les Ordres ; il vint à Rome sur la fin du quatriéme siécle , & il y

---

4 *Continuez, vous en êtes resté au cinquiéme siécle.*

(*a*) *Qui étoient les Auteurs de ces trois hérésies que vous venez de nommer ?*

* *Qui étoit Pélage ?*

La paix a enfin heureusement succédé.

avoit passé quelques années en réputation d'un homme de vertu & de piété : il commença vers l'an 400 à y enseigner ses erreurs de vive voix, & par ses écrits ; que l'homme peut se porter au bien sans le secours de la grace ; & que la grace est donnée à proportion qu'on la mérite ; que l'homme peut parvenir par lui-même à un état de perfection dans lequel il ne peche plus, qu'il n'y a point de péché originel, & que les enfans qui meurent sans Baptême ne sont point damnés. Toutes ces erreurs furent bientôt découvertes ; S. Jerôme fut le premier qui les attaqua, & S. Augustin, ce grand homme que Dieu avoit donné à l'Eglise, pour triompher de l'erreur, entreprit aussi de les combattre, & il poursuivit Pélage & ses adhérans avec une force invincible. Les Conciles d'Afrique condamnerent ses dogmes, les Papes Innocent, Zozime & Célestin le foudroyerent des anathêmes de l'Eglise, & l'Empereur Honorius le chassa de Rome lui & ses adhérans ; il se retira dans son pays, où il mourut misérablement dans son erreur.

* Nestorius, Auteur du Nestorianisme, étoit Evêque de Constantinople. Il soutenoit que la Sainte Vierge Marie ne devoit point être appellée mere de Dieu. Il eut la hardiesse de dévoiler son pernicieux système dans un Sermon qu'il fit le jour de Noël ; & on croit que

----

* *Qui étoit Nestorius ?*

5 Des questions qui regardoient des personnes, & des écrits troublerent l'Eglise dans le sixiéme siécle. Ces disputes causerent un schisme qui fut enfin appaisé. La question, sçavoir, s'il y a en Jesus-Christ deux opérations & deux volontés, ou s'il n'y a qu'une

ce fut alors qu'Eusebe, Avocat à Constantinople, s'éleva contre lui en pleine Eglise, avec tout le Peuple qui se trouva scandalisé de cette doctrine. Ce même Eusebe, devenu depuis Evêque de Dorylée, fit une protestation qu'il adressa aux Evêques, aux Prêtres & à tous les fidéles, dans laquelle il déclaroit Nestorius hérétique. Cette dispute passa bientôt en Egypte, où il se trouva plusieurs Moines qui soutenoient sa doctrine ; ce qui fit qu'on tint un Concile à Ephèse où les erreurs de Nestorius furent condamnées.

* Eutychès, Auteur de l'Eutychianisme, étoit Prêtre & Abbé d'un Monastère près de Constantinople. Il soutenoit qu'il n'y avoit qu'une nature en Jesus-Christ ; il fut accusé par Eusebe, Evêque de Dorylée, d'avoir des sentimens hérétiques sur l'Incarnation, & il fut condamné dans le Concile général de Calcédoine.

---

volonté & qu'une opération, excita de grands mouvemens dans le septiéme ; elle fut heureusement terminée par le jugement du Concile Général, qui condamna tous ceux qui avoient soutenu qu'il n'y avoit qu'une volonté en Jesus-Christ, & n'épargna pas même le Pape (*a*) Honorius.

6 Le culte des Images fut le sujet d'une grande contestation dans le huitiéme siécle ; on fut partagé en Orient & en Occident sur cet usage. Ceux qui l'abolissoient absolument furent condamnés, & le culte des Images réduit dans de justes bornes. Dans le neuviéme siécle les Eglises d'Orient & d'Occident se diviserent ; il y eut en

(*a*) Il approuva Sergius, Patriarche de Constantinople, Chef des Hérétiques Monothélites qui soutenoient qu'il n'y avoit qu'une nature en Jesus-Christ.

___

(a) *Qu'avoit donc fait le Pape Honorius ?*
6 *Qu'arriva-t-il dans les siécles suivans ?*

Occident des différends sur la question de la Grace & de la Prédestina-
tion. Le dixiéme siécle est un siécle de
désordre & d'ignorance ; mais à tra-
vers ces ténébres il a eu quelques lu-
mières. La foi s'est toujours conservée
dans sa pureté. L'onziéme siécle vit
naître l'hérésie des (*a*) Sacramentaires

(*a*) Hérétiques qui ont nié la présence réelle
du corps de Jesus - Christ dans le Sacrement
de l'Eucharistie ; l'Auteur de cette hérésie fut
Berenger , Archidiacre d'Angers , Trésorier
& Ecolastre de Saint Martin de Tours dont
il étoit natif ; il vivoit vers le commencement
du onziéme siécle ; il attira à son parti Brunon
Evêque d'Angers , & plusieurs autres qui pu-
blierent cette doctrine en France , en Italie
& en Allemagne. Durand , ou selon quelques
Auteurs , Theoduin , Evêque de Liége , &
Aldeman , depuis Evêque de Bresse , Ville d'I-
talie en Lombardie , en arrêterent le cours
par leurs écrits , & le Roi de France Henri
Premier par son autorité. Le Pape Léon IX
condamna cette hérésie dans un Concile de
Rome, & dans celui de Verceil, Ville d'Italie,

(*a*) *Qu'entendez-vous par les Sacramentai-*
res ?

ſoutenue par Bérenger ; mais elle fut univerſellement rejettée.

7 Les différends des Papes avec les Empereurs & les Rois, troublerent le repos de l'Egliſe. Ces diviſions continuerent dans le ſiécle ſuivant ; il s'éleva pluſieurs Hérétiques ; mais il y eut de zélés Catholiques qui ſoutintent la cauſe de l'Egliſe. Quoique la paix ne fut pas rétablie entre les Empereurs & les Papes dans le treiziéme ſiécle, cette diviſion ne changea rien à l'Etat de l'Egliſe Latine ; il y eut divers projets de réunion entre l'Egliſe Grecque & l'Egliſe Latine qui furent ſans ſuccès. Les Vaudois & les Albigeois s'éleverent contre l'Egliſe, & furent réprimés. Dans le quatorziéme ſiécle les

tous deux aſſemblés l'an 1050. Le Roi Henri fit auſſi tenir un Concile à Paris le 16 Novembre de la même année, où Berenger & Brunon furent condamnés.

***

7 Qu'eſt-ce qui troubla enſuite le repos de l'Egliſe ?

Princes eurent des différends avec les
Papes. L'Eglise de Rome se trouva divisée par un schisme qui dura quarante
années entre les Papes demeurans à
Rome, & ceux qui résidoient à Avignon. Un schisme si long & si opiniâ-
tre fut enfin terminé dans le siécle
suivant par les Conciles de Constance
& de Basle. L'Eglise Grecque & l'E-
glise Latine parurent réunies au Concile de Florence ; mais cette réunion
ne fut pas de longue durée. Dans le
seiziéme siécle le Luthéranisme , le
Zuinglianisme & le Calvinisme (*a*) ont

(*a*) Trois héréfies dont Luther, Zuingle
& Calvin étoient Auteurs.

* Luther étoit Allemand, natif d'Islébe dans
le Comté de Mansfeld. Il prit l'habit des Her-
mites de S. Augustin d'Exford à l'âge de 22 ans,
& il fut ordonné Prêtre à 25 ans l'an 1507.
Il a été le chef de ceux qui se sont séparés
de l'Eglise Romaine ; il a attaqué la foi de

(*a*) *Qu'est - ce que c'étoit que le Luthéranisme , le Zuinglianisme & le Calvinisme ?*

* *Qui étoit Luther ?*

enlevé à l'Eglise Catholique une gran-

l'Eglise sur tous les points, sans même épargner les Sacremens, & son hérésie s'est répandue dans différentes parties du monde, comme dans la Scandinavie, l'Islande, la partie Septentrionale de l'Allemagne, la Pologne, la Hongrie & la Transilvanie.

*Zuingle étoit né à Vildehausen en Suisse le premier Janvier de l'an 1487 ; il fit sa Théologie à Basle & a Berne, où il reçut le bonnet de Docteur l'an 1505, & après avoir été Curé dans un gros Bourg de Suisse, il fut appellé a Zurich pour y gouverner la principale Paroisse de la Ville, où il commença à prêcher contre les indulgences ; ensuite il renouvella l'opinion de Berenger contre la présence réelle du corps de Jésus-Christ dans l'Eucharistie ; il composa un Livre rempli d'erreurs semblables a celles des Nestoriens, & il vit son hérésie suivie de plusieurs Cantons Suisses.

**Calvin étoit né à Noyon en Picardie le 10 Juillet 1509. Il fit ses études à Paris, & fut pourvu de plusieurs Bénéfices sans être dans les Ordres : il quitta le parti de l'Eglise pour étudier la Jurisprudence, & étant allé à Bourges, il fut Disciple de Melchior Wolmar qui lui inspira les sentimens des Luthériens : il revint à Paris, & se joignit avec ceux qui avoient embrassé secrettement les nouvelles erreurs sur la Religion : il fut bientôt consi-

---

* Qui étoit Zuingle ?
** Qui étoit Calvin ?

de partie de l'Europe ; mais la plus
faine partie a confervé l'ancienne doctrine , & réformé la difcipline & les
mœurs.

déré dans leurs affemblées comme un des plus
habiles ; le Recteur de l'Univerfité de Paris ,
(Nicolas Copus) ayant une harangue à faire
au Roi en 1532 , Calvin la compofa , & y
mit des propofitions fur la Religion , que la
Faculté de Théologie de Paris trouva con-
traires à la foi & à la piété Chrétienne. Le
Parlement en étant informé , cita le Recteur
qui fe réfugia à Bafle. Les Juges ayant fçu que
Calvin avoit eu part à la compofition de ce
difcours , envoyerent le Lieutenant Crimi-
nel au Collége de Fortet où Calvin demeuroit pour l'arrêter. Calvin fe fauva & fe retira
en Saintonge , où il fut bien reçu par Guil-
laume du Tillet, Chanoine d'Angoulême. Vers
la fin de 1536 , Calvin paffa à Genève , où la
Religion Proteftante s'étoit introduite cinq
ans auparavant , & fur la grande réputation
qu'il s'étoit acquife parmi les Proteftans de
France, on l'y retint , & on le choifit pour le
principal Miniftre. Il en fut chaffé quelque
tems après , & s'en alla à Strasbourg , où il
établit une Eglife Françoife des Prétendus
Réformés. Il fut rappellé à Geneve en 1541 ,
& delà gouverna les Eglifes des Prétendus
Réformés de France , qui fuivoient tous fa
doctrine.

8 Le dix - septiéme siécle a fourni de longues contestations sur les matieres de la Grace. Il s'y est trouvé des Docteurs qui ont enseigné une morale corrompue & relâchée. L'Eglise a condamné les erreurs renfermées dans les cinq propositions sur la Grace, & a proscrit un très - grand nombre de propositions de Morale relâchée ; ainsi la Foi & la Morale enseignée par Jesus-Christ, annoncée par les Apôtres, & reçue successivement par tradition, s'est maintenue dans l'Eglise Catholique depuis Jesus-Christ jusqu'à nous. La police & la discipline ont changé pour s'accommoder aux tems ; mais l'Eglise que Jesus - Christ a fondée, a subsisté & subsistera jusqu'à la fin des siécles.

A ce précis d'Histoire Ecclésiastique,

---

8 *Que s'est-il passé dans le dix-septiéme siécle ?*

qui suffit pour donner une idée générale de ce qui s'est passé de plus remarquable dans l'Eglise de siécle en siécle jusqu'à nous ; on peut joindre l'Histoire du Vieux & du Nouveau Testament par M. de Royaumont, qui est un livre aussi propre pour toucher les jeunes gens, que pour leur inspirer la piété.

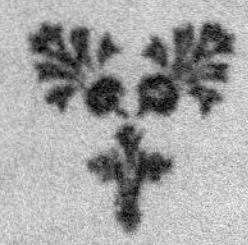

QUATRIEME PARTIE.

De la Chronologie & de l'Histoire Profane, depuis la création du Monde, jusqu'à la naissance de Jesus-Christ.

CHAPITRE PREMIER.

PREMIER AGE.

1 LE silence que Moyse garde dans ses écrits, seuls monumens authentiques que nous ayons de l'histoire de ces tems éloignés, nous donne lieu de croire que l'Histoire Profane n'a point encore commencé dans cet âge. Ce n'est que dans la période suivante que l'Idolâtrie s'est établie parmi les hommes, & que les premiers Empires ont pris

---

1 Que se présente-t-il à dire qui regarde l'Histoire Profane dans le premier âge?

naissance

maissance. Cependant il est à présumer que les Payens ont eu quelques connoissances de ce premier âge. Le siécle d'or de leurs Poëtes ne paroît autre chose que la vie heureuse de nos premiers Peres dans le Paradis Terrestre avant leur péché, & la guerre (*a*) des Géants contre les Dieux, peut également s'appliquer à la corruption des Géants, qui par leurs crimes attirerent sur eux la colere de Dieu.

DEUXIÈME ÂGE.

2 L'Histoire Profane prend ici une naissance fort obscure par celle des

(*a*) Les Géants, enfans de Titan ou de la Terre, voulurent escalader le Ciel pour remettre leur pere sur le Trône, dont Jupiter s'étoit emparé; & pour venir à bout de leur dessein, ils entasserent plusieurs Montagnes les unes sur les autres; mais Jupiter les foudroya tous, & les fit périr sous ces mêmes montagnes.

(a) Mettez moi au fait de la guerre des Géants contre les Dieux.

2 Comment l'Histoire Profane prend-elle naissance dans le deuxième âge?

H

Royaumes de Babylone, d'Egypte, de la Chine, de Sicyone, dont les commencemens n'offrent absolument que des Fables.

3 L'Empire d'Assyrie & de Babylone fut fondé par Nembrod ou Belus, Babylonien, petit fils de Noé, environ l'an du monde 1800, & 140 ans après le Déluge. Il a duré 1457 ans, il finit à la mort de Sardanapale l'an 3257. Ses premiers Rois sont presqu'inconnus, & de tous ses Princes on n'en connoît que trois, Ninus, Sémiramis sa femme, & son fils Ninias.

4 Le Royaume d'Egypte fut fondé par Menès ou Mesraim, fils de Cham, vers le commencement du dix-neuviéme siécle, environ 160 ans après le Déluge. Après la mort de Menès, l'Egypte fut divisée en quatre Dynasties ou Principautés. Elle fut ensuite réunie &

---

3 Faites moi en abrégé l'Histoire de l'Empire d'Assyrie & de Babylone ?

4 Par qui le Royaume d'Egypte fut-il fondé

gouvernée par quarante huit Rois nommés Pharaons, & qui, outre ce nom
commun, en avoient un particulier. Le
dernier de ces Princes est Psammenite,
défait & tué par Cambyse, Roi de
Perse, qui subjugua ce pays cinq cens
vingt-cinq ans avant Jesus Christ; ainsi
ce Royaume depuis Menès jusqu'à
Cambyse, a duré plus de mille six cens
ans. Depuis ce tems-là jusqu'à Jesus-
Christ, l'Egypte fut soumise successivement aux Perses, aux Grecs & aux
Romains.

5 L'Empire de la Chine, fondé par
Fohi, est, quant à la durée, le plus bel
Etat du Monde; on y trouve jusqu'à
ce jour une suite non - interrompue de
deux cens trente-sept Empereurs. Suivant le calcul du Texte Hébreu & de
la Vulgate (a), il existe depuis trois

(a) Version ou Traduction latine de l'E-
criture, reçue par l'Eglise & autorisée.

____

mille huit cens soixante-deux ans, c'est-à-dire, deux cens quarante-quatre ans après le Déluge. Cet Empire l'emporte donc pour la durée sur tous les autres de l'Univers.

6 Le Royaume de Sycione, situé dans le Peloponèse, fut fondé vers l'an 1820, il a eu vingt-six Rois. Le premier est Egialée, le second est Sycione qui lui donna son nom. Le dernier fut Zeuzippe, après la mort duquel Agamemnon le réunit au Royaume de Micènes quinze ans avant le siége de Troye. Ce petit Etat a duré plus de mille ans, soit sous le gouvernement de ses Rois, soit sous celui des Prêtres d'Apollon.

7 Il faut observer que Noé & ses trois fils qui ont partagé entr'eux la Terre, ont donné aux Poëtes Payens l'idée d'un Saturne, dont les trois fils,

---

6 *Rapportez-moi en peu de mots l'histoire du Royaume de Sycione ?*

7 *Que faut-il observer dans ce deuxième âge par rapport à la Fable ?*

Jupiter, Neptune & Pluton ont partagé entr'eux l'Empire du Monde.

TROISIÉME AGE.

8 L'histoire Profane est encore très-
stérile durant ce troisiéme âge. On y
voit quelques faits des Babyloniens &
des Egyptiens La formation des Royaumes d'Argos, de Lacédémone & d'A-
thènes, tous trois dans la Grèce, les
deux Déluges, celui d'Ogygés dans
l'Attique & celui de Deucalion dans la
Thessalie ; l'origine des Dieux impurs
de la Fable, & les premieres transmi-
grations Grecques en Italie.

9 Le Royaume d'Argos, fondé par
Inachus, du tems d'Abraham vers l'an
2125, a duré 556 ans sous quatorze

---

8 *Marquez-moi ce qu'on peut dire de l'Histoire Profane dans le troisiéme âge ?*

9 *Dites-moi en abrégé l'histoire du Royaume d'Argos ?*

H iij

Rois, dont les premiers furent nommés Inachides du nom du Fondateur, & les autres Danaïdes du nom de Danaüs, le dixiéme Roi qui étoit venu d'Egypte. Le dernier fut Acrise tué par mégarde par son petit - fils Persée, qui transporta la domination d'Argos à Mycènes l'an 2681, environ 214 ans avant la prise de Troye.

10 Le Royaume de Lacédémone, fondé l'an 2448, a eu d'abord treize Rois particuliers ; le premier fut Lelex, le dernier fut Tisamene. Les Héraclides l'ayant chassé vers l'an 2729, environ vingt ans avant la prise de Troye, y établirent une seconde Monarchie. Il se forma alors deux branches de la maison Royale qui regnerent conjointement, & l'on peut dire que cette Ville n'a été célèbre que dans le tems qu'elle a été gouvernée par deux Rois à la fois ; il est

---

10 *Rapportez-moi en abrégé l'histoire du Royaume de Lacédémone ?*

vrai que leur puissance étoit fort modé-
rée par la grande autorité des Ephores
qui étoient comme les Contrôleurs de
la conduite de leurs Rois, & qui ayant
la Surintendance de toutes les affaires,
obligeoient souvent ces Princes à rendre compte de leurs actions. Le dernier des Héraclides est Agésipolis. Cette
Ville a produit de grands hommes, tels
que Licurgue, Lysandre, Agésilas,
Agis, Cléomenès, &c.

11 Le Royaume d'Athènes fondé vers
l'an 2418, environ quinze ans avant
la naissance de Moyse, a duré quatre
cens quatre-vingt-sept ans sous dix-sept
Rois. Le premier fut Cécrops venu
d'Egypte. Le cinquiéme fut Pandion,
fameux dans la Fable par le malheur
de ses deux filles Philoméle & Progné
(a). Le dixiéme fut Thésée qui vivoit

(a) Terée, Roi de Thrace & fils de Mars,

---

11 *Faites-moi en abrégé l'histoire du Royau-*
me d'Athènes?

(a) *Quel est le malheur qui arriva aux deux*
filles de Pandion?

un peu avant le siége de Troye. Le dix-
septiéme fut Codrus, qui pour le salut
de la patrie, se dévoua à la mort en se
jettant au milieu de l'armée des Héraclides l'an 2905. Les Athéniens aboli-
rent ensuite la Royauté en déclarant
Jupiter le seul Roi de leur Ville, mais
ils eurent des Gouverneurs particuliers
qu'ils nommèrent Archontes ; ils en
eurent seize, dont treize perpétuels &
trois décennaux (a). Ces Archontes ont

attira Philomele dans ses piéges, puis lui
coupa la langue & l'enferma. Cette Princesse
peignit sur une toile tout ce que Terée lui
avoit fait, & l'envoya à Progné, sa Sœur, femme de Terée. Progné vint à la tête d'une
troupe de femmes le jour de la fête des Or-
gies, délivrer Philomele de sa prison, puis
elle fit à Terée un festin de son propre fils
Itys. Après qu'il eut bien mangé, elle lui en
apporta encore la tête : ce Prince s'étant mis
en devoir de poursuivre sa femme & de la
tuer, fut métamorphosé en Epervier, Progn-
né en Hyrondelle & Philomele en Rossignol.

(a) Qui dure dix ans.

(a) *Que veut dire Décennaux ?*

gouverné pendant trois cens quatre-vingt-six ans. La charge d'Archonte, de perpétuelle & de décennale devint annuelle, tant les Athéniens étoient jaloux de leur liberté. Enfin les Loix de Solon y établirent la Démocratie. Cette Ville a été la mere & l'inventrice des beaux Arts ; la patrie d'un grand nombre de Philosophes, d'Orateurs, de Poëtes, d'Historiens & de Capitaines, tels que Thémistocles, Périclès, Cimon, Alcibiades, Démosthénes, Miltiades, Trasibule, Conon, Iphicrate, Thimothée, Solon, &c. Elle a sauvé deux fois l'Europe, & triomphé de toutes les forces de l'Asie, une fois sur térre à Marathon, & une autre fois sur mer à Salamine ; enfin c'est elle qui a introduit la politesse & le bon goût chez les Romains & chez les autres Nations.

12 Le Déluge d'Ogygés est arrivé

------

12 *Dans quel tems le Déluge d'Ogygés est-il arrivé & d'où tire-t-il son nom ?*

H*

un peu après la mort d'Abraham, vers l'an deux mille deux cens cinq ; il tire fon nom d'Ogygés qui regnoit alors dans une partie de l'Afrique.

1 3 Le Déluge de Deucalion eft arrivé l'an deux mille quatre cens quatre-vingt-fept, & cinquante-quatre ans après la naiffance de Moyfe. Il tire fon nom de Deucalion, Roi de Theffalie. Les Grecs ont confondu ce Déluge avec le Déluge univerfel qui eft arrivé plus de huit cens ans auparavant.

QUATRIÉME AGE.

1 4 C'eft ici où l'Hiftoire Profane va nous montrer les tems héroïques, ainfi nommés, à caufe de ceux que les Poëtes ont appellés les enfans des Dieux

---

1 3 *Quand le Déluge de Deucalion arriva-t-il, & d'où tire-t-il fon nom ?*

1 4 *Que va nous faire voir l'Hiftoire Profane dans le quatriéme âge ?*

ou les Héros. On doit comprendre qu'ici la Fable est encore mêlée avec l'Histoire. Dans cette période l'Egypte se rétablit peu à peu de l'anéantissement où l'avoit plongée la submersion miraculeuse de toute son armée dans la Mer Rouge, l'Assyrie commence à s'élever sous Ninus & Sémiramis ; mais ce que l'on voit dans la Grece est admirable ; les Egyptiens & les Asiatiques y viennent en foule instruire & civiliser les peuples ; les premiers les policèrent par leurs Loix, les mirent dans le goût des Arts & des Sciences, & les initièrent dans leurs mystères. Les derniers leur enseignèrent la navigation, le commerce & l'écriture. Là paroît l'origine des Royaumes de Troyes, de Corinthe, des Latins, de Mycènes, de Tyr, de Thébes & de Lydie ; mais l'on voit en même-tems la destruction de ceux d'Argos par Persée ; de Thébes par les descendans des sept Capitaines (*a*) qui avoient assiégé cette Ville ; de Sycione par Agamemnon, Roi de Mycènes, de Troye par les Grecs, de Mycènes par les Héraclides, & d'Athènes par les Athéniens mêmes.

15 Le Royaume de Troye, fondé l'an du monde deux mille cinq cens quatre-vingt-dix-neuf, a duré deux cens quatre-vingt-seize ans sous six Rois ; le premier est Teucer, le dernier est Priam. Les Grecs assiégerent pendant dix ans

(*a*) Etéocle & Polinice, fils d'Œdipe, Roi de Thèbes, étant convenus de regner à Thèbes alternativement ; Etéocle voulut regner seul au bout d'un an ; ce qui engagea Polinice à liguer en sa faveur les sept Princes de la Grece, appellés les sept Preux, c'est-à-dire vaillants, qui attaquèrent vainement la Ville de Thèbes ; car loin de la prendre, ils y péri-

---

15 *Rapportez-moi en abrégé l'histoire du Royaume de Troye ?*

(a) *Dites moi en peu de mots l'Histoire des sept Capitaines qui avoient assiégé la Ville de Thèbes ?*

la Ville de Troye , fameufe par fes
malheurs , & par les Poëmes d'Home-
re & de Virgile , & la détruifirent de
fond en comble. Nous ne devons pas
beaucoup compter fur ce que les Poëtes
nous difent du fiége de cette Ville ,
ni fur ce qu'ils débitent du fameux che-
val de bois , dont les Grecs fe fervi-
rent pour entrer dans cette Ville , &
qui , felon toutes les apparences , devoit être une machine à peu près comme le Bélier , propre à renverfer les
murs.

16 Le Royaume des Latins, fondé par
Janus , l'an du monde deux mille fix
cens quinze , a duré fix cens trente-fix
ans fous vingt-deux Rois prefqu'incon-

rent tous , excepté Adrafte , Roi d'Argos ; &
dix ans après leurs fils connus fous le nom
d'Epigones, vainquirent les Thébains , & les
chafferent de leur Ville.

---

16 *Rapportez - moi en peu de mots l'hiftoire
du Royaume des Latins ?*

nus ; le dernier eſt Numitor , établi ſous Romulus.

17 Le Royaume de Corinthe , fondé l'an du monde deux mille ſix cens vingt-huit , a duré environ quatre cens ans. Le premier Roi eſt Siſiphe ; le dernier eſt Hyantidas chaſſé par les Héraclides. Aletés , un des deſcendans d'Hercule , y établit une deuxiéme Monarchie qui a duré trois cens vingt-cinq ans ſous onze Rois. Le dernier eſt Alexandre , tué par ſon fils Téleſte. Ce parricide fut chaſſé , & on mit à ſa place des Magiſtrats nommés Pritanes. La Ville de Corinthe ayant enſuite eté ſoumiſe à des Tyrans , recouvra ſa liberté , devint recommandable par ſa puiſſance & par ſes richeſſes , devint une partie conſidérable de la République Achéenne , & fut ruinée de fond en comble par les Romains , ſous le Con-

---

17 *Faites moi en abrégé l'hiſtoire du Royaume de Corinthe ?*

ful Nummius , l'an du monde trois mille huit cens cinquante - huit ; elle fut cependant rétablie par Jules-Céfar , & fut enfuite une des premieres Villes de la Grece à embraffer la Religion Chrétienne.

18 Le Royaume de Mycènes , fondé l'an deux mille fix cens cinquante fix , a duré deux cens dix-neuf ans fous huit Rois. Le premier eft Perfée , fils de Danaë , fille d'Acrifius Roi d'Argos. Le dernier eft Tiffamenes , fils d'Orefte , qui fut détrôné par les defcendans d'Hercule.

19 Le Royaume de Tyr , fondé l'an deux mille fept cens quarante-neuf , a duré fept cens quatorze ans fous vingt-quatre Rois. Le premier eft Agénor ; le dernier eft Iram qui mourut l'an trois

---

18 *Dites-moi en peu de mots l'hiftoire du Royaume de Mycènes ?*
19 *Rapportez-moi en abrégé l'Hiftoire de Tyr ?*

mil quatre cens soixante-trois. La Ville
de Tyr fut célèbre par ses richesses, par
l'étendue de son commerce, & par le
grand nombre de ses Colonies ; elle
fut détruite par Nabuchodonosor, rétablie sons Cyrus, renversée de fond
en comble par Alexandre le Grand, ré-
parée sous les Romains, & devint enfin
très-puissante sous les Croisades.

20 Le Royaume de Thébes, fondé
environ l'an deux mille sept cens quatre-
vingt, a duré environ trois cens ans
sous seize Rois. Le premier est Cadmus,
fils d'Agénor ; le dernier est Xanthus
après la mort duquel les Thébains se
gouvernerent en République. Cette Ville fameuse par sa grandeur, par ses dis-
graces & par les exploits de ses Héros,
ne tint pendant long-tems que le second rang dans la Grece, par les alliances qu'elle fit tantôt avec les Lacé-

---

20 *Faites-moi en peu de mots l'histoire du*
Royaume de Thèbes ?

démoniens, tantôt avec les Athéniens ;
mais les victoires de Leuctres & de
Mantinée qu'Epaminondas remporta ,
lui auroient acquis la supériorité sur la
Mer comme sur la terre , si son Général ne fut pas mort entre les mains de
la victoire. Sa gloire naquit & mourut
avec ce grand Capitaine : elle fut enfin
soumise aux Macédoniens , & détruite
par Alexandre le Grand , pour punir
ces Habitans de l'audace que le faux
bruit de sa mort leur avoit inspirée , en
leur faisant massacrer la garnison Ma-
cédonienne qui étoit dans la Citadelle.

21 Le Royaume de Lydie , fondé l'an
deux mille huit cens trente-six , a duré
six cens dix-sept ans sous vingt-deux
Rois , dont dix de la race des Attya-
des , sept des Héraclides , & cinq des
Ménades ; le dernier est Crésus, vaincu
& pris par Cyrus l'an trois mille quatre

---

cens cinquante-deux. Il y avoit chez les Lydiens une loi bien sage qui obligeoit tout le monde à travailler, & qui permettoit d'intenter une action en Justice contre les gens oisifs.

22 L'expédition des Argonautes dans la Colchide, faite l'an du monde deux mille huit cens seize, eut pour Chef Jason fils d'Eson, arrière petit-fils de Deucalion ; il s'embarqua pour aller venger la mort de Phrixus son parent, & pour retirer les trésors dont le perfide Aëtes s'étoit emparé ; il se fit accompagner par cinquante-quatre Héros Grecs, dont les plus connus sont Hercules, Thésée, Pirithoüs, Admète, Castor, Pollux, Orphée, Pelée, &c.

23 Cette expédition réussit par la perfidie de Médée, qui éprise d'amour pour Jason, trahit son Pere, & qui

---

22 *Qui est-ce qui fut le Chef de l'expédition des Argonautes dans la Colchide ?*
23 *Comment cette expédition réussit-elle ?*

après par jalousie égorgea les enfans
qu'elle avoit eus de ce Héros ?

CINQUIÈME AGE.

24 Tout le tems de cette époque
devient célèbre dans l'histoire des Nations ; l'Egypte se fortifie & tourmente
le peuple de Dieu. Psamménite , un
de ses Rois , reçoit les Grecs dans ses
Etats , fermés jusques-là aux Etrangers ;
& ce n'est que depuis ce tems-là , selon
Hérodote , que l'histoire de ce pays ,
jusqu'à ce tems-là mêlée de Fables ,
commence à avoir de la certitude. L'Assyrie tombe à la mort de Sardanapale , & de ses débris se forment les Royaumes de Ninive , de Babylone , de Mé-
die. La Perse s'agrandit aux dépens
de tous ces Etats , & devient le plus

––––––––––––––––––––––

24 *Que voit-on de célèbre dans le cinquiéme âge ?*

grand Empire du monde sous Cyrus : la Grece se soutient, mais foiblement ; Lycurgue établit une police admirable dans Lacédémone. Solon fait recevoir à Athènes ses Loix pleines d'équité. On rétablit dans la Grece les Jeux Olympiques, où le jour de l'Histoire commence à paroître. Enfin on voit dans cet âge, la formation des Royaumes de Macédoine & de Cappadoce, & la fondation des Villes de Carthage & de Rome.

25 Le Royaume de Ninive ou celui des Assyriens, second, fondé l'an trois mille deux cens cinquante-quatre, a duré deux cens trente-six ans sous treize Rois. Les plus célèbres sont Phul ou Ninus le jeune, son fondateur, qui apprit le premier le chemin de la Judée. Salmanasar qui détruisit le Royaume d'Israël. Sennachérib, dont l'armée fut

---

25 *Rapportez-moi en abrégé l'Histoire du Royaume de Ninive ?*

détruite par le ministère d'un Ange. Assaradon qui réunit les Royaumes de Ninive & de Babylone. Nabuchodonosor premier, dont le Général Holopherne périt par les mains de Judith. Nabopolassar ou Nabuchodonosor second, qui détruisit Ninive, & se mit sur le trône de son maître. Nabuchodonosor troisiéme, dit le Grand, qui en dix huit ans prit trois fois Jerusalem, & détruisit le Royaume de Juda. Enfin Balthazar sous lequel Babylone fut prise par Astyage, Roi des Médes, & par Cyrus.

26 Le Royaume de Babylone, fondé l'an trois mille deux cens cinquante quatre, n'a duré que quatre-vingt-neuf ans sous dix Rois. Le premier est Bélésis, le dernier est Messessimordak, après la mort duquel il y eut un interregne de huit ans, & fut ensuite

---

26 *Faites moi en abrégé l'histoire du Royaume de Babylone ?*

conquis par Nabuchodonofor fecond,
Roi de Ninive.

27 Le Royaume des Médes, fondé l'an
trois mille trois cens quatorze, a duré
cent trente-quatre ans fous quatre Rois.
Les Médes, après la deftruction du premier Empire d'Affyrie, ne firent d'a-
bord que s'affranchir fous la conduite
d'Arbaces leur gouverneur ; mais laffés
des maux de l'Anarchie qui les avoit
foumis aux Affyriens feconds, ils élu-
rent Déjoces pour Roi au bout de foixante ans. Les autres Rois font Phraates,
que l'on croit être l'Arphaxad de Judith. Cyaxares, qu'on croit être l'Affuérus de Tobie ; enfin Aftyages, l'Affuérus d'Efter, & le Darius Méde de
Daniel.

28 Le Royaume de Macédoine ,

------

27 *Rapportez-moi en peu de mots l'hiftoire
du Royaume des Médes ?*

28 *Faites-moi en abrégé l'hiftoire du Royaume de Macédoine ?*

fondé par Curanus l'an trois mille cent quatre - vingt - treize , a duré six cens cinquante-neuf ans sous trente-sept Rois, dont vingt avant Alexandre le Grand , qui est le vingt-uniéme , & seize après lui. Cet Etat , très-petit dans son origine , devint par l'habileté de Philippe , pere du grand Alexandre , un Royaume très-florissant , & Alexandre par son courage en fit une puissante Monarchie , en l'élevant sur les débris de l'Empire des Perses ; mais elle fut de peu de durée. Après la mort de ce Prince , elle fut divisée entre ses principaux Généraux. Démétrius s'empara de la Macédoine , & ses descendans en ont joui jusqu'à Persée , vaincu & pris par les Romains qui réduisirent ce pays en Province Romaine, l'an du monde trois mille huit cens cinquante-six.

29 Le Royaume de Cappadoce, fondé l'an du monde trois mille deux cens

---

29 *Donnez-moi à présent une légère idée du Royaume de Cappadoce ?*

cinquante-six, a duré sept cens soixante-trois ans. Son premier Roi est Pharnace, un des Préfets de l'ancien Empire d'Afrique. Ses premiers Successeurs sont presque inconnus, & payoient tribut aux Médes & aux Perses. A la mort d'Alexandre, la Cappadoce fut soumise à Eumènes; après la défaite d'Ariarathe second, fait prisonnier avec toute sa famille, à l'exception d'un fils nommé comme lui Ariarathe qui se sauva en Arménie, où il resta caché jusqu'au tems où les divisions qui se mirent entre les successeurs d'Alexandre, lui fournirent l'occasion de remonter sur le Trône de ses Peres, vingt-deux ans après la mort de son Pere; ses successeurs en ont joui jusqu'à la mort d'Archélaüs, qui périt à Rome accablé de misére sous l'Empire de Tibere, l'an treize de Jesus-Christ.

30 Carthage, bâtie par Didon l'an

---

30 *Dites moi ce que vous sçavez de Carthage?*

du monde trois mille cent vingt-deux,
devint la Capitale d'un grand Empire,
qui a duré sept cens trente - sept ans;
& c'est avec raison qu'elle a eu pendant
très - long - tems l'Empire de la Mer:
fondée par les Tyriens, les premiers
navigateurs de cette période, elle ne put
que s'enrichir par le commerce. Entourée d'Africains à qui elle faisoit om-
brage, elle fut forcée de devenir guer-
riere; ces deux avantages lui facilitèrent
toutes les conquêtes qu'elle fit en Afrique, en Espagne & sur la Méditerranée.
Les Romains qui avoient tout à craindre
des Carthaginois, leur déclarerent plusieurs fois la guerre, & firent des trai-
tés qui ne furent guères observés, ni
de part ni d'autre.

La premiere guerre Punique dura
vingt - quatre ans, & apprit aux Romains à combattre sur Mer; la seconde dura dix-sept ans, & mit Rome à
deux doigts de sa perte par les victoires
d'Annibal. Enfin la troisième qui ne

* I

dura que trois ans , fut terminée par
Scipion Emilien , qui détruisit Carthage
l'an de Rome cinq cens cinquante-deux ,
& du monde trois mille huit cens cinquante-neuf.

31 Rome , Capitale de cet Empire ,
fondée par Romulus , issu des Rois
d'Albe , l'an du monde trois mille deux
cens cinquante - un , a été sous trois
sortes de Gouvernemens , sous des
Rois, sous des Consuls, sous des Empereurs, tant d'Orient que d'Occident ,
& a subsisté environ treize cens ans ; Rome a été deux cens quarante-quatre ans
sous sept Rois ; sçavoir , Romulus son
fondateur , & le meurtrier de son frere
Rémus. Numa Pompilius , qui régla la
Religion ; Tullus Hostilius qui incor-
pora la Ville d'Albe avec celle de Rome , après avoir décidé la querelle de
ces deux Villes, par le combat des Ho.

____

31 *Dites-moi ce que vous sçavez de l'Em-*
pire Romain.

races & des Curiaces. Ancus Marcius, qui bâtit Ostie à l'embouchure du Tybre. Tarquin l'ancien qui s'attacha à embellir Rome. Servius Hostilius qui établit le cens, c'est-à dire, le dénombrement des Citoyens distribués en trente Tribus. Par ce moyen cette grande Ville se trouva réglée comme une famille particulière ; mais ce Prince périt en voulant ériger Rome en République. Enfin Tarquin le superbe qui se rendit odieux par son orgueil & par ses violences. Sextus son fils ayant violé Lucréce, donna lieu aux Romains d'abolir la Royauté, & d'établir la fameuse République qui s'est acquise une gloire immortelle par ses victoires, sa politique, la haute vertu de ses Consuls & de ses Sénateurs, & qui a étendu sa domination sur toutes les parties du monde connu. Cet Empire, arrivé au plus haut point de grandeur, dégénéra peu à peu par la lâcheté & par l'infamie de ses Empereurs, & tomba

tout-à-coup en décadence sous Honorius.

SIXIÉME AGE.

32 Cet intervalle comprend les plus
beaux morceaux de l'Histoire Profane ;
mais nous n'en donnerons ici qu'une
légère idée , parce que la matière est
immense. On doit y considérer l'Empire de Perse , celui des Grecs ; les différens Royaumes qui se sont formés
de celui des Grecs , je veux dire les
Royaumes de Syrie , d'Egypte , d'Asie ,
de Pont , de Bithynie , de Pergame , de
la petite Arménie , l'Empire des Parthes , la République Romaine , & le
commencement de l'Empire Romain ,
qui absorbe toutes les autres puissances.

33 L'Empire des Perses , fondé par

---

32 *Que comprend le sixiéme âge ?*
33 *Rapportez-moi l'Histoire abrégée de*
l'Empire des Perses ?

Cyrus l'an du monde trois mille quatre cens soixante-huit, a duré deux cens ans sous douze Rois, dont il y en a deux du nom de Xerxès, & trois du nom de Darius. Les principaux sont Cyrus fondateur, Cambyse qui subjugua l'Egypte, Darius Premier qui fut battu à Marathon par les Grecs, Xerxès premier qui fut vaincu par les Grecs à Salamine, à Platée, à Micale ; Artaxerxès Longuemain qui la vingtiéme année de son regne permit aux Juifs de rebâtir Jérusalem. Artaxerxès second, sous le regne duquel se fit la fameuse retraite des dix mille Grecs dont parle Xénophon ; Artaxerxès troisiéme, nommé Ochus, qui ravagea l'Egypte, & qui pour se venger des Egyptiens qui l'appelloient l'âne, fit mourir le Bœuf Apis, leur Dieu, & s'en fit servir quelques morceaux sur sa table. Enfin Darius troisiéme, surnommé Codoman, qui fut vaincu par Alexandre successivement au Fleuve

Granique, à Issus , à Arbelle , & qui perdit l'Empire avec la vie.

34 L'Empire des Grecs , fondé par Alexandre le Grand , l'an trois mille six cens soixante - huit , n'a duré que six ans & quelques mois , & a fini avec Alexandre même. Des débris de cet Empire , il s'en forma un grand nombre , dont les principaux furent ceux d'Egypte & de Syrie.

35 Le Royaume d'Egypte , fondé l'an trois mille six cens quatre-vingt-un , a duré deux cens quatre vingt huit ans sous des Rois qui ont tous eu le nom de Ptolomée avec un surnom ; les plus connus sont Ptolomée Soter fils de Lagus , qui a donné le nom de Lagides à tous les Rois suivans : Ptolomée Philadelphe qui fit traduire la Bible ,

---

34 *Combien de tems l'Empire des Grecs a-t-il duré ?*

35 *Faites-moi en abrégé l'histoire du Royaume d'Egypte.*

& qui fit bâtir à Alexandrie une Bibliothéque de deux cens mille Volumes. Ptolomée Philométor qui jugea le différend des Juifs & des Samaritains. Ptolomée, dit Denys, qui fit tuer Pompée, & qui périt lui - même en dreſſant des embuches à Céſar ; enfin Cléopatre, ſa ſœur, battue à la bataille d'Actium par Auguſte, qui réduiſit l'Egypte en Province Romaine.

36 Le Royaume de Syrie, fondé l'an trois mille ſix cens quatre-vingt-douze, a duré deux cens quarante-cinq ans ſous vingt-trois Rois : les plus fameux ſont Séleucus Nicanor, un des Généraux d'Alexandre, qui a donné le nom de Séleucides à tous les autres. Antiochus le Grand, chez qui Annibal ſe retira. Séleucus-Philopator, qui envoya Héliodore pour piller le temple de Jéruſa-

-----

36 *Dites - nous un mot du Royaume de Syrie.*

lem. Antiochus l'illustre qui fit tant de mal aux Juifs. Enfin Antiochus l'Asiatique, défait par Pompée, qui réduisit la Syrie en Province Romaine.

37 L'Empire des Parthes, fondé l'an trois mille sept cens quarante - huit, a duré quatre cens soixante-dix-huit ans sous vingt-un Rois. La Parthie, Province de Perse, relevoit du Roi de Syrie, & se révolta sous la conduite d'Arsace qui en étoit Gouverneur ; elle devint si puissante, qu'elle vainquit plusieurs fois les Romains, & leur disputa l'Empire d'Orient. Les Rois les plus connus sont Arsace qui donna le nom d'Arsacides à ses successeurs ; Orode qui défit Crassus ; Phraates qui renvoya à Auguste les drapeaux pris sur les Romains ; enfin Artaban tué par Artaxerxès, Persan d'origine, qui rétablit le

____

37 *Que nous direz - vous de l'Empire des Parthes ?*

Royaume de Perse l'an de l'Ere Chrétienne deux cens vingt-six.

38 La République Romaine, établie l'an trois mille quatre cens quatre - vingt-quatorze, a duré quatre cens soixante-quatre ans, & a fini à la bataille de Pharsale, lorsque César fut reconnu maître dans Rome sous le titre de Dictateur perpétuel ; elle fut d'abord gouvernée par des Consuls annuels, dont les fonctions étoient de commander les armées & de présider au Sénat, & leur autorité étoit bornée par les Loix ; mais dans les grands périls de l'Etat, on élisoit un souverain Magistrat nommé Dictateur, pour être l'arbitre de la paix & de la guerre, de l'emploi des Finances & des Jugemens en matières capitales, & son autorité ne duroit qu'autant que le péril.

La puissance Consulaire ne fut paisi-

38 *Rapportez - moi en abrégé l'histoire de la République Romaine ?*

I v

ble que pendant seize ans. Le peuple
obtint le droit de créer tous les ans de
son Corps, un certain nombre de Magistrats nommés Tribuns, qui n'eurent
d'autre pouvoir dans Rome que d'an-
nuller, par leurs oppositions, tous les
Jugemens du Sénat lorsqu'ils étoient
onéreux au peuple, & l'on fit une Loi
pour rendre sacrée la personne des
Tribuns. Comme les Romains n'avoient
pas d'assez bonnes Loix, ils envoyerent
dans la Grece pour demander celles
des Athéniens. Au retour de leurs Députés, ils créérent dix Magistrats pour
les rédiger, & firent alors cesser toute
autre autorité que la leur ; il n'y eut
plus dans Rome ni Consuls ni Tribuns,
&c. Les Décemvirs ne jouirent que
trois ans de la suprême puissance : après
avoir publié la loi des douze tables,
qui est le fondement du droit Romain,
ils abuserent de leur autorité & furent
chassés.

On rétablit alors pour toujours les

Confuls & les Tribuns du peuple, &c.
Ce fut fous cette forme de Gouvernement Arifto - Démocratique que cette
fameufe République parvint au plus
haut point de grandeur, en s'emparant
fucceffivement de l'Italie & de fes Ifles,
de l'Efpagne, de la Macédoine, de
l'Afrique, de la Grece, de l'Afie mineure, de la Syrie, de la Paleftine, des
Gaules & de l'Egypte ; mais elle fut
expofée à de grands dangers par l'ambition de Marius & de Sylla, ébran-
lée par la conjuration de Catilina, &
détruite par la jaloufie de Céfar & de
Pompée. L'affaffinat de Céfar dans le
Sénat, donna lieu à Augufte, à Antoine & à Lépide de fe réunir pour
venger fa mort ; mais ce Triumvirat
ne fut pas de longue durée ; Lépide
fut réduit à la condition d'un homme
privé : Antoine - & Augufte fe brouil-
lerent, & la bataille d'Actium laiffa
Augufte feul maître de la République,
l'an trois mille neuf cens foixante-treize.

I vj

Ce Prince réunit ensuite toutes les dignités de l'Etat ; il fit oublier par ses rares qualités , toutes les horreurs de ses premieres années ; il triompha de tous les ennemis des Romains ; enfin il ferma le Temple de Janus l'an quatre mille , tems de la naissance du Messie.

CHAPITRE SECOND.

De la Religion , des Coutumes & du Gouvernement des Babyloniens & des Assyriens.

RELIGION.

1 CES deux Peuples ont été les premiers Idolâtres, & avoient pour Prêtres les Chaldéens qui étoient en même-tems les sçavans du pays ; ceux-ci, pour

---

1 *Quelle a été la Religion des Babyloniens & des Assyriens ?*

rendre les peuples crédules & superſti-
tieux, étoient venus à bout de leur per-
ſuader qu'ils avoient le pouvoir de prédire l'avenir par le vol des oiſeaux, &
par l'inſpection des entrailles des victimes, d'expliquer les ſonges, d'inter-
prêter les phénomènes de la nature, re-
lativement aux affaires publiques : enfin
de faire du bien ou du mal aux hommes par leurs enchantemens. Voilà la
ſource de ce profond reſpect que l'on
avoit pour eux, & des grands priviléges dont ils jouiſſoient ; c'eſt auſſi la
cauſe de cet eſprit de ſervitude qui
regnoit parmi les peuples qui ne pou-
voient faire aucune démarche, ſans
avoir auparavant conſulté les Augures
& les Aruſpices. Ils avoient pour principales Divinités, Bel ou Jupiter, Vénus Céleſte, que l'on adoroit habillée,
tantot en homme, tantot en femme.
C'eſt chez eux que les principaux Dieux
du Paganiſme, & la coutume horrible
d'immoler des victimes humaines ont
pris naiſſance.

C O U T U M E S   E T   U S A G E S.

2 Les peuples avoient un moyen très-ingénieux & très-politique pour faciliter les mariages. Tous les ans on assembloit dans un même lieu les filles en âge d'être pourvues ; un Crieur public les mettoit à prix les unes après les autres ; alors les plus riches Citoyens achetoient à l'enchère celles dont la figure leur paroissoit la plus agréable. Cet argent servoit à marier celles que la nature avoit disgraciées. Lorsque la vente des plus belles filles étoit faite, le Crieur présentoit la plus laide de celles qui restoient , & demandoit si quelqu'un vouloit la prendre , moyennant une telle somme qu'il indiquoit. Le marché se faisoit alors au rabais, & on

---

2 *Quelles étoient les Coutumes des Babyloniens & des Assyriens, pour faciliter les mariages ?*

l'adjugeoit à celui qui se contentoit du moindre prix. De cette maniere toutes les filles se trouvoient placées.

3 Ils avoient encore un usage singulier dans la maniere de traiter leurs malades. Comme ils n'avoient point de Médecins par état, ils exposoient leurs malades dans le lieu le plus fréquenté de la Ville ou du Village ; là chaque passant étoit obligé de s'arrêter, d'examiner leurs maladies, & d'indiquer les remédes qu'ils croyoient propres, soit par leur expérience, soit par des oui-dire.

GOUVERNEMENT.

4 Les Rois y étoient Despotes, & tous les Edits émanoient d'eux seuls. Comme ils avoient l'ambition de vou-

---

3 *N'avoient-ils pas aussi un usage particulier pour traiter leurs malades ?*

4 *Quel étoit le Gouvernement des Babyloniens & des Assyriens ?*

loir commander à toute la terre, ils avoient coutume de se faire rendre les honneurs divins, soit pour intimider les peuples qui reconnoissoient leur puissance, soit pour empêcher les autres de jouir du droit d'être gouvernés par qui & comment ils vouloient ; ils affectoient encore de se dérober à la vue du commun des hommes ; sans cette politique, il ne leur auroit pas été possible de contenir, comme ils ont fait, dans les bornes du devoir, tant de peuples dont les langages étoient diffèrens, & les mœurs souvent opposées. Ces fiers Potentats avoient sous eux des Officiers tant Civils que Militaires. Les principaux étoient, premièrement le Capitaine de leurs Gardes qui exécutoit leurs ordres tyranniques. Secondement, le chef de leurs Eunuques qui veilloit à l'entretien & à l'éducation des enfans du Palais. Troisièmement, enfin le grand Visir, qui, assis à la porte du Roi, devoit écouter les plaintes, &

terminer les différends. Il est aisé de voir que sous un pareil Gouvernement, les Loix devoient être vagues & incertaines, & les châtimens arbitraires.

CHAPITRE TROISIÉME.

Du Gouvernement, des Loix, de la Religion, & des principaux usages de l'Egypte.

GOUVERNEMENT.

1 LES Egyptiens sont les premiers peuples qui ont sçu connoître les véritables regles du Gouvernement Civil. Ils reconnurent bientôt que la vraie fin de la politique étoit de rendre les peuples heureux, & que la pratique des vertus

____

1 *Les Egyptiens ont-ils connu les regles du Gouvernement civil ?*

étoit le fondement de toute société ; mais comme le bonheur des peuples dépend de la bonté des Rois , ils ne négligerent rien pour leur inspirer des vertus nécessaires à leur Etat. Le Gouvernement y étoit héréditaire ,· & les Rois n'étoient pas moins que leurs sujets assujettis aux Loix & aux institutions du pays ; il y en avoit de particulieres pour les Rois mêmes , soit pour l'administration publique , soit pour leur vie privée ; tout étoit réglé , l'heure de leur lever , le tems destiné aux exercices de la Religion & aux affaires de l'Etat , la qualité des alimens , la mesure du boire & du manger , la qualité des personnes qui devoient les servir.

2 La Justice étoit administrée par un seul Tribunal , composé de trente Juges consommés dans les affaires , & d'une conduite irréprochable ; ils étoient

____

2 *Comment la justice étoit elle administrée chez les Egyptiens ?*

tirés des principales Villes. Le Roi leur
aſſignoit certain revenu , afin d'empêcher que la corruption ou la faveur n'eût
aucune influence ſur leurs Arrêts. Le
Préſident portoit à ſon cou un collier
d'or & de pierres précieuſes , d'où pen-
doit une figure ſans yeux , qu'on ap-
pelloit la vérité. On jugeoit les procès
par écrit ſans le ſecours d'aucun Avocat , tant on y redoutoit les effets de
l'éloquence.

3 Il n'étoit pas permis d'être inutile
à l'Etat : la Loi aſſignoit à chacun ſon
emploi qui ſe perpétuoit de pere en
fils. On ne pouvoit ni en avoir deux,
ni changer de profeſſion ; mais auſſi
toutes les profeſſions étoient honorées.

L O I X.

4 On peut dire en général que les

Loix des Egyptiens étoient simples, équitables & propres à unir entre eux les Citoyens. Celui qui, pouvant sauver un homme attaqué, ne le faisoit pas, étoit puni de mort aussi rigoureusement que l'assassin ; si on ne pouvoit secourir le malheureux, il falloit du moins dénoncer l'Auteur de la violence, & il y avoit des peines établies contre ceux qui manquoient à ce devoir. On pouvoit emprunter de l'argent en engageant pour la dette le corps mort de son pere que l'on remettoit au Créancier ; mais si l'on négligeoit de retirer ce corps, on étoit privé de l'honneur de la sépulture, ce qui étoit une grande infamie.

Par le moyen de ces différentes Loix, les Egyptiens étoient à la garde les uns des autres : le corps de l'Etat étoit uni contre les méchans ; on ne pouvoit être inutile à la Patrie ; on n'excusoit dans aucune profession l'ignorance de la Religion, des Loix & des Coutumes ;

chacun étoit nourri dans l'esprit de les
obferver. En un mot, comme la recon-
noiffance étoit leur principale vertu,
ils étoient auffi les plus fociables des
hommes.

RELIGION.

; L'Egypte a été le Théâtre de l'I-
dolâtrie la plus groffiere & la plus ridi-
cule, & fes habitans ont furpaffé en fu-
perftition les autres peuples auxquels
ils ont donné leurs cérémonies religieu-
fes, & la plûpart de leurs Dieux. Les
Divinités qu'ils confidéroient le plus,
étoient Anubis, Apis, Ifis & Ofiris ;
ils croyoient auffi que l'efprit, la terre,
l'eau & le feu étoient des Divinités
dignes des adorations les plus foumifes,
& le Démon fe jouoit fi bien de la
fimplicité de ces peuples trop crédules,

; Quelle a été la Religion des Egyptiens ?

que plusieurs d'entr'eux adoroient les Crocodiles , les Rats & certains autres insectes ; & les autres rendoient ces mêmes respects aux Plantes , à des Raves , à des Porreaux & à des Oignons, ce qui a fait dire au Poëte Juvénal , qu'à la vérité ces peuples sont heureux , puisqu'ils ont l'avantage de voir croître des Dieux dans leurs Jardins.

PRINCIPAUX USAGES.

6 On faisoit un examen rigoureux de la conduite des Rois , & des sujets après leur mort. On ne pouvoit leur accorder les honneurs de la sépulture qu'on ne leur eut fait leur Procès dans les formes. Les Parents assembloient des Juges qui prononçoient un jugement sur les informations qui alloient

____

6 *Quels étoient les principaux usages des Egyptiens ?*

à la charge ou à la justification du dé-
funt ; quand on ne pouvoit rien prouver contre lui, on faisoit alors son élo-
ge, non en vantant la noblesse de son
rang, mais en exaltant ses vertus particulieres, telles que son amour pour
les loix, sa piété, sa justice, son humanité, &c. L'accusateur alors étoit condamné à l'amende ; on mettoit ensuite
le Cadavre dans le sépulchre de sa famille, si elle en avoit un, sinon on
l'enfermoit dans un lieu de la maison ;
mais si l'on prouvoit qu'il eût mal vécu, les Juges rendoient une Sentence
qui privoit le mort de la sépulture.

On conservoit les corps morts dessé-
chés & conservés dans leur entier jusqu'aux sourcils, aux paupieres, aux
cheveux, avec la proportion du corps
& de la taille, de maniere qu'on pouvoit les reconnoître ; c'est ce que l'on
appelle des Momies ; ils enveloppoient
leurs cadavres de certaines toiles imbi-

bées de baumes précieux, qui avoient la
vertu de rendre les corps incorrupti-
bles ; mais la composition de ces baumes est aujourd'hui inconnue.

F I N.

APPROBATION.

J'AI lu par ordre de Monseigneur le
Vice - Chancelier , un Manuscrit
ayant pour titre. *Traité d'Etude pour
les Jeunes Demoiselles , &c* , & je n'y ai
rien trouvé qui doive en empêcher l'im-
pression. A Paris ce 24 Février 1764.
L'Abbé GRAVES.

De l'Imprimerie de MICHEL LAMBERT , rue
& à côté de la Comédie Françoise.

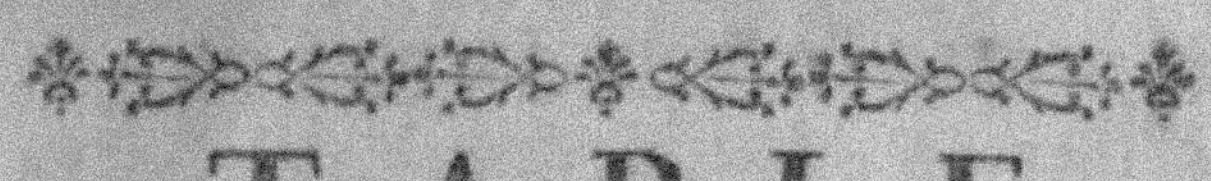

TABLE
DES MATIERES
Contenues dans cet Ouvrage.